바로 가능 영어

Hamburger English

이계양 지음

한산

바로가능영어
Hamburger English

　본서의 저술 의도가 마치 주문하면 곧바로 먹을 수 있는 햄버거처럼, 읽는 즉시 활용이 가능한 영어학습법을 제시한다는 차원에서 책의 영어 타이틀을 햄버거 잉글리시 Hamburger English로 붙였다. 그런데 정말로 영어는 바로 가능할까? 진짜 그렇다. 평소 책과 강연에 대한 홍보활동 중에도 정말로 영어가 한 시간 안에 터득이 가능하냐는 질문을 많이 받는다. 그것도 순수한 어조의 질문이 아니라, 약간 시비조나 조롱 어린 투로들 그러신다. 30년 넘게 이 원리만 생각했고, 수 없는 자료와 개정판으로 책을 내왔으며, 기회가 생기는 대로 강연을 다니는 필자에게 늘 똑같은 어투의 질문, 그렇게 가난한 관심을 보이던 사람들의 결과적 외면은 필자는 물론 본인 자신들을 또 한번 안타까움의 나락으로 떨어뜨린다.

　이번에 새로 편집 출간하는 본서는 정상적인 고객반응과 성공적 판매를 실현할 수 있을까? 필자의 성공은 둘째치고, 너무나 기적처럼 영어의 주인이 될 수 있는 기회를 대한민국 국민 모두에게 제공하는 것인데, 현실은 필자의 기대와 조금 거리가 있다. 전작 〈너무 쉽게 일어난 기적, 한 시간에 끝내는 영어〉의 판매부진을 떨쳐버리고, 필자의 사회경제적 성공과 독자들의 영어학습적 성공으로 가는 대로를 확실히 열고자, 본서는 내용과 논리의 상당 부분을 새로운 영감과 발전된 필력으로 다시 썼다. 결과적으로 영어구사의 핵심원리는 불변의 것이기에 논리 전개의 틀은 비슷하게 유지했지만, 그래도 가능하면 간결하게, 그리고 보다 이해하기 쉽게 접근되도록 내용을 많이 간추렸다.

책을 써본 사람들은 알겠지만, 사실 내용을 덧붙여 넣는 것보다 추리고 덜어내는 것이 훨씬 어렵다. 줄여 없애버리자니 이것도 아깝고 저것도 아깝고 그렇기 때문이다. 여러 날을 고민하며 끌어낸 얘깃거리이고 논리의 전개였는데, 자식 같은 그런 줄거리들을 덜어내자니 사뭇 안타까웠다. 이미 개정 전판 〈너무 쉽게 일어난 기적, 한 시간에 끝내는 영어〉를 접한 분들도 내용과 구성이 획기적으로 향상된 본서 〈바로가능 영어〉의 일독을 권한다. 버전업된 스마트 폰이 그러하듯 본서도 그렇다.

요즘은 집에서 콩나물을 키워 먹는 사람이 별로 없어 영어 익히기를 콩나물 키우기에 비유하면, 신세대들은 이해하기가 쉽지 않을 것이다. 콩나물은 떡시루 비슷하게 생긴 단지에 콩나물 콩을 깔고 적당히 물만 주면 싹이 트고 자라난다. 일단 싹을 틔우는데 성공하면, 물을 적당히 잘 주는 것만으로도 콩나물은 무럭무럭 자란다.

이 책은 콩나물의 싹을 틔우듯, 독자 여러분 영어의 싹을 틔워줄 목적으로 쓰여졌다. 다시 말해, 여러분의 영어 싹을 틔우는 것이 저자의 몫이라면, 싹이 튼 여러분의 영어가 무럭무럭 자라도록 하는 것은 독자들의 몫이라는 말이다. 싹이 튼 콩나물에 물 주는 것이 그리 어렵지 않은 일이듯, 여러분의 영어가 잘 자라나게 하는 것도 그다지 어렵지 않다.

몸의 양식이 식사를 통해 공급된다면, 정신의 양식이 독서를 통해 이루어진다는 건 새삼스런 얘기가 아니다. 영어의 경우도 마찬가지다. 싹을 틔우고 난 여러분의 영어가 곱상하고 실한 열매로 가득하자면, 꾸준한 영어독서가 불가피하다. 영어를 잘 하려면 영어책을 많이 읽어야 하는데, 영어책을 읽으려면 영어의 기본을 알아야 하는 고단한 상황에서, 여러분은 이제 본서를 통하여 영어의 기본을 확실히 알게 될 것이다. 또한 본서에서는 영어 독서의 효율적 방법론까지 손쉽게 익히도록 제공하고 있다. 팝송 영어를 즐기고, 영화 영어를 즐기는 방법을 포함해서 말이다. 그러니 독자 여러분은 이제 영어의 주인공이 되는 일만 남았다.

그렇게 책의 구성을 마무리하는 가운데 놀라운 일이 벌어졌다. 1998년 책의 초판을 출간한 이래, 무려 20여 년을 꾸준히 개정판으로 업데이트하고, 수많은 번역과 강연을 진행해 오면서, 필자가 제시하는 영어 구사 원리가 정말로 옳았고, 최고로 효율적이었다는 것을 새삼 재삼 느껴온 가운데 일어난 일이었다.

필자가 제시하는 영어습득 원리를 불현듯 컬러링으로 뒷받침한다는 아이디어가 떠올랐고, 이를 실제로 적용해 보니 모든 영어문장이 눈에 쏙쏙 들어왔다. 알다시피 영어는 문장을 통하여 구체화된다. 읽든 쓰든 말하든 듣든, 그것은 결국 문장단위로 표현된다는 말이다. 여기에 발음습득과 어휘력 확장 기술까지 제시하기에 본서는 한두 시간 안에 영어를 익힐 수 있는 종합선물세트가 되어 버린 것이다. 이와 같은 〈빨녹파 밑줄 영어습득법〉은 특허출원으로까지 이어졌고, 이에 대하여는 제8장에서 자세히 제시하였다. 본서가 독자 제현들의 성공적 영어생활의 밑거름이 되어드릴 수 있음을 한없는 영광으로 생각한다.

사장이 기본적으로 영어를 해야 하는 데에는 몇 가지 이유가 있다. 첫째, 사장이 영어가 안되면 직원들이 해외영업 역량을 제대로 발휘하고 있는지에 대한 감도 없고 촉도 작용하지 않는다. 결국 바람직한 방향으로의 독려도 할 수가 없다. 사업체의 최고사령탑인 사장이 영어를 모르면 자사 영문 카탈로그의 콘텐츠가 어느 정도 영감을 주는지, 홈페이지의 메시지가 어떤 마력을 발산하고 있는지, 해외영업 프레젠테이션이 얼마나 설득력을 갖는지 가늠도 못하고, 개선 방향도 제시하지 못한다.

직원에게 그저 '잘 하라' 고만 할 뿐이면 그건 지도자도 코치도 아무것도 아니다. '어떻게 하라' 는 방향제시가 없는 지도는 지도가 아니다. 그저 '잘 하라' 는 주문은 자기 자신에게나 해 볼 일이다. 결국 별 소득이나 아무런 발전 없이 시간은 계속 흘러가 버릴 것이고, 그에게 성공의 월계관을 쓸 기회는 다가오지 않을 것이다. 아울러, 바이어가 자사 해외영업 담당자와의 업무관계에 불만족스러움이 있는지 여부도 도통 알 수가 없다. 직원의 대응능력도 분별할 감식력이 없는 데다가, 바이어가 애정을 갖고 답답함을 하소연하고 싶어도 사장이 영맹이면, 소통 채널 자체가 마비되고 만다.

둘째, 사장의 해외영업 촉이 고기능 안테나로서의 감도를 발휘하기 위하여도 영어능력은 필수이다. 벙어리에 장님으로 해외 영업정보를 탐색하고 필터링한다는 건 사업성장에의 방해는 물론 회사운명이 위태로워질 수도 있다. 타사의 광고 내지 마케팅 단서들, 전시회 참관 및 동향 파악 등에서 사장 자신은 한낱 구경꾼으로만 어슬렁거리면서 직원들이 보고해 주는 대로만 정보를 받아들인다면 그런 회사조직은 정말로 희망이 없다. 월급쟁이의 촉은 월급쟁이로서의 촉 밖에 안 된다. 사장의 촉은 사업의 흥망성쇠에 주파수를 맞추지만, 직원의 촉은 자기 월급의 안위 이상은 동물적 감각을 발현시키지 못한다. 회사가 위태로워지면 직원도 잠자리에 들어 고민을 하겠지만, 그건 회사에 대한 걱정이 아니라, 자기 자리에 대한 걱정 이상을 많이 넘어가지는 않는다.

셋째, 회사 규모가 크지 않을 경우, 업무 대응능력이 사장의 영어능력에 좌우되는 일이 많다. 늘 직원의 손을 빌려야만 회사가 돌아간다면, 주방장에게만 매달리는 음식점 사장과 다를 바 없다. 급해도 사장은 아무 것도 못하는 방관자밖에 안 된다면, 그의 회사는 구원투수 후보가 아예 없는 야구팀과 같은 상황인 것이다. 사장이 업무를 직접 영어로 챙길 수 있으면, 직수입으로 수입단가를 낮출 수 있고, 중계수출이 아닌 소매상에로의 직수출로 수출단가를 끌어 올릴 수 있다. 국내 중심 원청 회사에의 납품 위주 거래보다 해외 최종 소비업체와의 직거래가 많으면 가격협상에서 갑을관계의 설움을 덜 수 있고, 납품업체를 이원화 당하는 등의 거래위험으로부터도 자유로울 수 있다.

넷째, 사장이 영어를 잘하면 해당 회사 전체가 고객응대 역량이 높은 것으로 평가 받게 된다. 사장이 영어를 하면 사장도 능력이 있어 보이고, 해당 회사도 뭔가 더 있어 보이게 되는 것이다. 이는 대통령도 IOC 위원도 예외가 아니다.

마지막으로 더 근본적인 문제가 있다. 회사가 성장은커녕 정체를 넘어서 쇠락의 길로 접어든 지가 한참인데도 속수무책으로, 하는 것이라고는 수수방관 뿐인 오늘날의 수많은 중소기업 사장님들! 그분들에게 이제라도 해외시장에 눈을 돌리고, 몸소 그 문을 두드려보라 말하고 싶다. 〈두드리라, 그리하면 열릴 것이다〉라는 종교적 명언도 있지 않은가! 사실 오늘날의 중소기업 경영현실을 돌아보면 안타까운 점이 많다. 단지 영어가 안 된다는 이유 하나만으로 이런 사업기회, 저런 수익기회를 남의 집 울안 홍시 보듯 바라보고만 있는 사장님들이 너무 많다. 참으로 안타까운 일이다.

그런데 좋은 소식이 있다. 이 모든 상황을 돌파하고, 영어 잘 해서 누릴 수 있는 열매를 거두는 것이 그다지 어렵지 않다. 바로 책 한 권이면 해결되기 때문이다. 그 책이 바로 본서 〈바로가능 영어〉이다. 그런데 책 읽는 것도 여의치 않으면 또 다른 방법이 있다. 강연에 참가하거나 강사를 초청하면 된다. 세상에 방법이 없어서 못하는 일은 없다. 다만 의지가 없을 때, 길이 없어 보일 뿐이다.

어느 사장의 이름으로

In the name of a CEO

목차

본서의 활용법 안내

✔ 본서에 나타낸 모든 예문에서는 영어 문장의 핵심적 요소라 할 수 있는 주절의 동사, 즉 주인 동사를 빨간색으로 표기했다.

✔ 종속절의 동사, 즉 종 동사는 녹색으로 표시했다.

✔ 부정사, 동명사, 분사, 분사구문이라는 동사의 변신, 즉 변신 동사는 파란색으로 채색하였다.

✔ 〈전치사 + 명사〉는 밑줄을 가했다. 별도로 해당 장절에서 강조하는 요소에 점선 밑줄을 긋기도 했다. 전명구이면서 그 속에 강조점이 있을 경우, 강조점에 점선 밑줄을 유지했다.

✔ 이러한 특허출원 〈빨녹파 밑줄 영어습득법〉이 얼마나 강력한 학습효과를 주는지를 직접 체험해 보시기 바란다.

특허출원
빨녹파 밑줄
영어습득법

바로 가능 영어

Hamburger English

1

1장

영어를 배운다는 건
문장 구성원리를 익히는 것

독자들 중 이미 '영어는 어렵다' 는 고정관념에 젖어 있는 사람들은 이제부터 영어학습은 제쳐두고, 영어 문장이 어떻게 구성되는지에 대한 간단하고 쉬운 방법을 배우기로 하면 어떨까?

모두들 영어, 영어 하지만 영어는 문장이라는 형태로 현실 세계에 모습을 드러낸다. 영어를 배워 우리가 할 읽기, 쓰기, 말하기, 듣기는 결국 문장 단위로 이루어진다. 그러니 문장이 어떻게 구성되는지를 알면, 우리는 영어를 할 줄 아는 것이 된다.

그렇게 본서, 특히 제1장을 통하여 영어 문장이 구성되는 원리를 익히고 나서, 갑자기 자신이 영어의 주인이 된 것에 너무 많이 놀라지 않기를 바란다.

닭이 먼저냐 달걀이 먼저냐 하는 논란이 있듯, 본서에서도 본 〈1장 문장 구성 원리〉가 먼저 와야 하느냐, 다음 〈2장 품사의 개념〉을 먼저 이해해야 하느냐 하는, 사실, 간단치 않은 문제가 있다. 닭은 혼자서 달걀을 낳을 수 있지만, 달걀은 닭이 품어주지 않으면 결코 닭이 될 수 없듯, 닭의 재료가 되는 달걀과 마찬가지로, 문장성분의 재료가 되는 품사는 2장 품사 편으로 미루고, 이번 1장에서는 달걀을 낳는 어미 닭과 같은 맥락에서의 문장 구조를 먼저 살펴보기로 한다.

팁 사용안내

본서, 본 개정판의 가장 큰 특징은 팁을 아주 풍성하게 제공한다는 것이다. 팁만으로도 영어의 본 모습을 제대로 파악하는데 커다란 유익이 될 것이다.

사람들은 노래방, 룸살롱 등 술집에 가서 도우미에게 팁을 준다. 저자는 독자 여러분들에게 영어를 써빙하는 도우미이지만, 거꾸로 필자가 여러분에게 드릴 팁을 많이 마련하였다. 잘 받으시고, 즐겨 사용하시기 바란다.

영어 그리고 문장의 개념을 쉽게 이해하기 위하여 영어를 자동차에 비유하면 다음 표와 같이 설명할 수 있겠다.

〈표 1〉 자동차와 영어

생산장소	자동차 공장	영어 공장
완성된 제품	자동차	문장
부품	엔진, 타이어, 창, 시트	주어, 술어, 목적어, 보어
재료	철, 고무, 유리, 가죽	명사, 동사, 형용사, 부사
요구되는 기술	재료가공에 대한 기술	품사개념에 대한 이해

1. 완성차 공장에서 나오는 최종제품이 자동차라면, 영어 공장에서 만들어지는 완성품은 바로 영어 문장 Sentence이다. 우리는 문장을 만들기 위하여 영어를 배우고, 문장을 올바로 만들 줄 알면 결국 영어 할 줄 아는 것이 된다.

영어는 결국 문장 구성 원리를 배우는 것이다. 그렇게 하여 만든 영어 문장은 읽고, 쓰고, 말하고, 듣는 현장에서 사람들 사이에 완제품이 되어 교환된다. 이 과정에서 초보자들은 종종 미완성 제품, 결함 제품을 건네기도 한다

물론 깊이 들어가면, 영어학개론이 이러한 문장규칙을 다루는 구문론 외에, 음성학 내지 음운론, 형태론 등 한없이 복잡한 내용을 포함하고 있지만, 실용영어 구사에 부족함 없는 내용만 제시한다는 본서의 출간의도상, 부록에서 발음과 기호 그리고, 제6장에서 어휘력을 효과적으로 제고하는 방안을 제시하는 것에 한정하기로 한다.

2. 자동차를 만들 때, 엔진, 타이어, 창, 시트 등의 부품이 필요하듯이, 문장이라는 제품을 완성하기 위하여는 주어, 술어, 목적어, 보어 등과 같은 부품을 필요로 한다.

3. 자동차 부품을 만들기 위하여 철, 고무, 유리, 가죽 등 재료가 필요하듯이, 문장을 구성하는 부품을 위하여서도 명사, 동사, 형용사, 부사 등의 품사라는 재료들이 필요하다.

4. 자동차 공장에서 재료를 가공하는 기술을 잘 갖추어야 부품을 제대로 만들 수 있듯이, 영어 공장에서도 문장이라는 제품을 잘 만들기 위하여는 품사의 개념에 대한 정확한 이해가 필요하고, 품사라는 재료를 잘 가공할 줄 아는 기술이 필요하다. 이 기술은 제2장에서 제공한다.

자기모순 Self-contradiction

영어든 어느 언어든 읽기 쓰기 말하기 듣기가 함께 완성되는 것이지 무엇 따로, 무엇 따로 진행되는 것은 아니다.

그러니 흔히 사람들이 그렇듯, 문법은 어느 정도 안다며, 회화에만 문제의식을 갖고 회화만을 잘 하고 싶다고 느낀다면, 자신의 영어에 대한 시각이 왜곡되어 있다는 생각을 가져야 한다.

영어 문장을 읽을 수는 있는데, 이메일 답장은 쓰지 못한다면, 사실 제대로 읽을 줄 아는 것이 아니다. 대충 읽고 대충 뜻을 짐작하고 있을 뿐이다. 다시 말해, 자신이 읽는 문장이 왜 그렇게 쓰여진 것인지를 이해하지 못하고 있는 것이며, 그러기에 작문도 못하는 것이다.

회화도 마찬가지이다. 말은 하겠는데, 들리지가 않는다는 건, 말도 제대로 하고 있지 않은 상황인 것이다. 자신은 'I am hungry.' 해 놓고서, 상대방이 'I am hungry, too.' 하고 응대하는 말은 못 알아 듣는다면 좀 웃기지 않는가? 그 문장이 왜 그렇게 된 것인지도 모르면서, 어디서 주워 들은 대로 'I am hungry.' 한 것이 아닌 다음에야, 자신이 만든 방식 그대로 상대방도 만들어 대답했는데, 그걸 왜 못 알아듣는가!

영어는 독해 따로, 회화 따로, 작문 따로 그렇게 하는 것이 아니다. 언어학적 결정적 시기 이전, 그러니까 아주 어릴 적부터 듣고 말하고 시작했는데, 학교를 안 가서 문맹이 된 것 아닌 다음에는 읽기, 쓰기, 말하기, 듣기는 동시에 진행된다. 이제 영어를 두고 특이한 고집은 부리지 말자.

다만, 듣는 것은 상대방에 중심이 있고 이를 따라가야 하니 말하기보다 좀더 어렵고, 작문은 스스로 규칙에 따라 창작의 노력을 기울여야 하니, 주어진 것을 해석만 하면 되는 읽기보다 조금 더 어려운 것이 사실이기는 하다.

일반적으로 고가라 여겨지는 자동차와 주변에서 흔히 접하는 영어 문장을 같은 선상의 완제품에 놓고 비교하는 것에 동의하지 못하는 독자들이 있을 것이다. 하지만 어느 문장의 값어치라는 것이 자동차에 감히 비견할 수 없을 만큼 값없는 것만은 아니라는 점을 짚고 넘어가고 싶다.

예를 들어 삼성그룹의 이재용이라는 남자가 어느 여성에게 〈I love you!〉라고 던지는 한 문장의 값어치는 결코 어느 자동차 한 대에 비견할 정도가 아니다. 또 그 그룹의 딸 이부진이라는 여성이 어느 남성에게 〈Will you marry me?〉라고 던지는 한 문장의 값어치 또한 어느 고급 자동차에 비견할 수 없을 만큼 값진 것이 된다. 굳이 재벌가의 자녀들이 아니라 해도 모든 선남선녀의 마음속으로부터 우러나오는 사랑 고백 어느 한 문장도 값어치는 이루 말할 수 없이 소중한 것이다.

여기서 링컨의 명연설로 알려진 명문장 한 구절도 재평가하고 넘어가자. 〈The government of the people, by the people, for the people shall not perish from the earth.〉 비록 이것도 수많은 문장들 중 한 문장일 뿐이지만, 이 한 문장으로 링컨은 자신의 정치적 위상을 민주주의의 가치와 동일한 반열에 끌어올려 놓고, 민주주의를 온 몸으로 담아낸 정치가로 자신을 포장하는데 성공했다. 그러니, 한 문장 한 문장이 공장에서 나오는 자동차들 만큼이나 값질 수 있다는 것을 생각하며 영어 문장들을 대할 일이다.

내친 김에 로마 황제 줄리어스 시저의 명언도 짚고 넘어가자. 〈Veni, vidi, vici!〉 이를 우리말로 옮기면 〈왔노라, 보았노라, 이겼노라!〉 정도 될 것이다. 여기서, '이겼노라!' 라는 말이 중요하다. 일

국의 황제가 '이겼다' 라고 한다면 어느 나라인가를 정복했다는 말
이다. 한 문장과 제국의 승리! 문장은 비록 한 줄이라도 엄청나게 힘
있고 값나가는 것이 될 수 있다.

천금 같은 문장 사례

기독교인들에게는 천하를 주고도 바꿀 수 없는 명문들이 있다. 예를
들면 다음과 같은 문장들이다. 어느 한 문장의 값어치가 정말로 높디 높
음을 보여주는 생생한 사례들이다.

I am the way, the truth and the life…
나는 길이요, 진리요, 생명이니…
God is love! 하나님은 사랑이시라!
Jesus loves you! 예수님께서는 당신을 사랑하십니다.
Come to me, all you who are weary and burdened, and I will give
you rest.
수고하고 무거운 짐 진 자들아 다 내게로 오라 내가 너희를 쉬게 하리라.

문장의 5형식이라는 개념이 있다. 우리가 사용하는 모든 문장은
다섯 종류로 나누어지는데 다음과 같다는 것이다.

1형식 : 주어 + 동사

2형식 : 주어 + 동사 + 보어

3형식 : 주어 + 동사 + 목적어

4형식 : 주어 + 동사 + 간접목적어 + 직접목적어

5형식 : 주어 + 동사 + 목적어 + 목적격 보어

　　시험영어, 문법중심 영어에서는 어떤 문장이 몇 형식에 해당하는지를 강조하는데, 그러면 이때부터 영어가 수학이 된다. 영어를 공식 내지 방정식 대하듯 하면 그때부터 영어가 한없이 어렵게 느껴진다. 그런데 영어는 절대로 수학이 아니다. 외우고 풀고 해야 하는 어려운 학문이 결코 아니다.

　　'문장의 5형식' 얘기에서 굳이 눈 여겨 볼 점이 한 가지 있다면 〈모든 문장은 반드시 주어와 동사를 가진다〉는 점 정도일 것이다. 영어로 뭔가를 하려면, 다시 말해 영어 문장을 만들려면 반드시 주어와 동사를 갖다 넣어야 한다는 말이다.

　　한가지 덧붙이자면, 문장이 어떤 형식에 해당하느냐 하는 것은 동사에 의해 좌우될 뿐이다. 동사가 어떤 것이냐에 따라 그 문장이 어떤 형식을 갖느냐가 결정되는 것이니, 문장의 5형식은 차라리 〈동사의 5형식〉이라 이름 짓는 편이 개념 이해에 도움이 된다고 하겠다.

　　실제적으로, 모든 문장은 둘 중 하나인데, 주어의 동작 아니면 상태를 나타낸다. 다시 말해 주인공의 동작을 나타내거나 혹은 주인공의 상태를 묘사하거나, 둘 중 하나라는 말이다. 그런데 동작이나 상태, 둘 중 어디에 해당하는지를 구별하는 것도 그리 어렵지 않다. 주어 다음에 일반동사가 오면 주인공의 동작을 나타내는 〈형식1〉의 문장이 되고, 주어 다음에 be동사가 오면 주인공의 상태를 서술하는 〈형식2〉의 문장이 된다.

형식1 : 주어 + 일반동사 + 목적어
형식2 : 주어 + be동사 + 보어

　　다시 말해,

형식1 : Subject + Verb + Object
형식2 : Subject + Verb + Complement

　　다시 말해,

형식1 : S + V + O
형식2 : S + V + C

　　이상을 표와 예문으로 정리하면 다음과 같다.

〈표 2〉 문장의 형식

종류	핵심 요소			참조사항
형식1	주어	일반동사	목적어	동작 표현
	Eugene	writes	a letter.	
	유진은 편지를 쓴다.			
형식2	주어	be 동사	보어	상태 표현
	He	is	a businessman	
	그는 사업가이다.			

주어Subject는 문장에서 주인공, 주관자 내지 주체이다. 술어동사Verb는 주인공이 하는 동작이나 상태를 서술하는 말이다. 〈형식1〉은 주인공이 목적어Object, 목적물 내지 객체를 대상으로 동사Verb와 같은 동작을 한다는 구조이다. 〈형식2〉는 주인공이 보어Complement와 같은 상태, 성격 내지 특성을 갖는다는 내용을 구성한다. be동사 자체가 별도의 특별한 뜻을 발산하지는 않는다.

TIP #4

〈예외 없는 법칙은 없다〉는 법칙!

〈형식2〉의 문장구조는 〈주어 + be동사 + 보어〉라고 했다. 그런데 이 구조에서 동사는 오직 be 하나만을 뜻하지는 않는다. be동사와 작용이 비슷한 become, seem, appear, remain, look, feel, sound 등도 포함된다.

그런데 우리가 대하는 모든 문장에서 〈형식1〉과 〈형식2〉의 비중은 각각 얼마나 될까? 일반동사 구조의 〈형식1〉과 be동사 구조의 〈형식2〉는 대략 절반 정도, 다시 말해 50:50 정도라고 할 수 있다. be동사 달랑 한 개로 지구상에 존재하는 모든 문장의 50% 정도를 감당한다니 잘 믿어지지 않을 것이다. 그러나 엄연한 사실이다. 그만큼 be라는 동사는 엄청난 능력과 위력을 자랑한다.

그런데 모든 영어문장이 위의 표와 같이 단순하다면 누구도 영어 배우기가 어렵다 하지 않을 것이다. 문제는 아래 예문에서와 같이 복잡한 모습으로 나타나는데 있다.

One of the most important things you can do in the process of building trust and credibility is to reduce the customer's fear to the point where he has no hesitation about going ahead with your offer.

하지만 이렇게 복잡해 보이는 문장도 결국은 be동사 is를 중심으로 '앞의 주어 부분은 뒤의 보어 부분이다' 라는 〈형식2〉의 구조를 가질 뿐이다. 본서의 이어지는 다른 장에서 문장이 왜 이렇게 복잡한 구조로 발전하는지, 또 그러한 구조를 어떻게 이해해낼 수 있는지, 그리고 어떻게 하면 이렇게 고차원적인 원리를 응용하여 우리도 고급영어를 구사할 수 있는지의 방법론을 이해하기 쉽도록 해설한다. 겉으로만 복잡하고 어려워 보일 뿐, 절대로 그렇지 않은 영어의 진면목을 알아보게 될 것이다. 독자들은 그저 만만하게 보는 마음으로 따라오기만 하면 된다.

Does versus is

영업Selling에 관한 책을 읽을 때의 일이다. 읽다 보니 소제목이 'Does versus is'로 나와 있는 곳과 마주치게 되었다. 순간 묘한 기분이 들었다. 'Does가 앞에 나와 있다는 건 의문문이라는 얘긴데…' 하는 생각이 먼저 들었다. 그리고 무엇보다도 Does로 시작하는 의문문이면 본동사는 일반동사가 와야 되는데 be 동사가 오다니, 도대체 어떻게 된 거야? 상당히 아리송했지만, 의문은 이어지는 본문을 읽어나가면서 해결되었다.

알다시피, versus는 'A vs. B' 즉, 'A 대 B'로 서로를 대비할 때 쓰이는 전치사 단어이다. 애초부터 있는 그대로 접근했으면 되었을 것을, 괜스레 문법적 분해 본능이 튀어나와 스스로 골머리를 자초했다.

얘기인즉슨, 고수 영업사원은 제품이 고객에게 무엇을 해줄does 수 있는지를 강조하는 방면, 하수 영업사원은 제품 자체is만 강조한다는 말이었다. 가령 자동차 영업사원을 예로 들었을 때, 하수는 이 차가 DOHC 엔진이라는 둥, 터보 기능이 달려있다는 둥 'is'적인 특성만 강조하는 반면에, 고수는 'DOHC나 터보 엔진 차량을 구매하면 낮은 배기량이어서 자동차세는 덜 내면서, 출력은 중형차만큼 좋아 준중형차로 중형차의 파워와 출력의 여유를 즐길 수 있습니다'라고 'does'적인 어필을 한다는 것이었다.

이를 영어 문장 구성의 원리에 적용시키면, 〈주어 + 일반동사 + 목적어〉의 문장은 'does' 형식이고, 〈주어 + be 동사 + 보어〉는 'is' 형식이라는 얘기로 풀어 쓸 수 있겠다.

뭐 눈에는 뭐만 보인다고, 필자는 영업 관련 서적에서도 영어 관련 에피소드를 찾는 쪽으로 촉이 작동하고 있었다.

니들이 게맛을 알아!?

삼삼한 맛을 즐기려고 꽃게를 사다 보면 종종 다리가 하나 떨어져 나간 게들을 발견한다. 영어 문장도 마찬가지이다. 〈형식1〉의 문장패턴이 〈주어 + 동사 + 목적어〉라고 했는데, 마치 떨어져 나간 꽃게다리처럼 〈주어 + 동사〉만 달랑 있는 문장도 있다. go, fly, shine, live 등과 같이 굳이 동작의 대상, 객체Object가 필요 없는 동사들이 그러한 경우이다. 이 경우에도 부사어구들이 뒤따라 올 수는 있다. 소위 '문장의 5형식' 중 제1형식에 해당하는 경우가 그런 경우이다.

Happiness shines brightly on her face.
행복이 그녀의 얼굴에 밝게 묻어난다.

바로
가능
영어

Hamburger
English

2

영어는 품사에서 시작해
품사로 끝나는 품사와의 전쟁

맞는 말이다. 영어 학습에서 품사에 대한 개념 이해가 차지하는 비중은 거의 전부라 해도 과언이 아니다. 이어지는 3장에서 익히게 될 부정사, 동명사, 분사, 분사구문 등 모든 문법기술은 결국 필요한 품사를 만들기 위한 전술일 뿐이다. 계속되는 4장에서 볼 〈전치사 + 명사〉가 구로 결합하는 것도 필요한 품사를 만들기 위한 것이다. 다음 5장에서 살필 〈접속사 + 종속절〉 결합도 원하는 품사 개념을 도출하기 위한 것이다. 연이어 6장에서 해설할 개별 단어에 접미어를 붙여 변환을 하는 것도 결국 알맞은 품사로의 전환을 위한 것이다. 말 그대로 품사가 무엇인지를 이해하면 영어를 완전히 이해하고 사용할 줄 아는 것과 마찬가지가 된다.

누군가를 사랑하면서 그 사람의 이름을 익히지 않는다면 그는 확실히 나쁜 놈 내지 나쁜 년이다. 우리도 이제 영어와 친하게 지내려면 영어네 식구 몇 명의 이름 정도는 꼭 익히자. 그런데 그 이름들은 아주 생소한 생면부지의 것들이 아니다. 이제껏 많이 보아왔던 이름표들이란 말이다. 그 이름들이 올라가 있는 출석부를 한번 펼쳐보자.

1번 명사
2번 대명사
3번 동사
4번 형용사
5번 부사
6번 전치사
7번 접속사
8번 감탄사
9번 품사

여기까지가 1분단이고, 1분단장 이름은 9번 품사이다. 그런데 품사는 '문장의 재료' 라는 별명을 갖고 있다. 다음은 2분단이다.

10번 부정사
11번 동명사
12번 분사
13번 분사구문

14번 동사변신

여기까지가 2분단이고, 분단장 이름은 14번 동사변신이다. 2분단은 동사가 변신하여 활동하는 애들로 만들어진 분단그룹이다.

사랑의 이름표

'이름표를 붙여 내 가슴에 확실한 사랑의 도장을 찍어 … 너만 사랑하는 내 가슴에 이름표를 붙여줘.' 가수 현철의 '사랑의 이름표'라는 노래의 가사이다. '가사'를 우리말로는 '노랫말'이라고 한다. 가歌는 노래, 사詞는 말이라는 뜻이다. 이렇듯, 어떤 낱말에 사詞라는 글자가 붙으면 그런 '말'이라는 뜻이다. 어語자도 마찬가지이다.

한국어 – 한국인이 쓰는 말
영어 – 영국인이 쓰던 말
주어 – 주인공으로 쓰는 말
목적어 – 목적물로 쓰는 말
사랑의 밀어 – 사랑을 전할 때 은밀하게 쓰는 말

15번 접두사

16번 접미사

17번 접사

　여기까지가 3분단이고, 분단장 이름은 17번 접사이다. 3분단 친구들과 친하게 지내면 어휘력 문제는 자동적으로 해결된다. 이 친구들 덕분에 덩달아 어휘력 뛰어난 학생들이 될 수 있는 기회라는 말이다. 3분단 애들은 때로 접두어, 접미어, 접어 그렇게 부르기도 한다.

　이제까지 명사, 동사, 부정사, 동명사 등 '사' 자가 붙은 남학생들 외에 영어반에는 '어語' 자가 붙은 여자애들도 있다. 얘네들은 4분단이다.

18번 주어

19번 술어

20번 목적어

21번 보어

22번 수식어

23번 문장성분

　여기까지가 마지막 4분단이고, 분단장은 23번 문장성분이다. 분단장 문장성분은 '문장부품' 이라는 별명을 갖고 있다. 말 그대로, 문장을 구성하는 '부품' 이라는 뜻이다.

〈표 3〉 영어반 출석부

1분단		2분단		3분단		4분단	
번호	이름	번호	이름	번호	이름	번호	이름
1	명사	10	부정사	15	접두어	18	주어
2	대명사	11	동명사	16	접미어	19	술어
3	동사	12	분사	17	접어	20	목적어
4	형용사	13	분사구문			21	보어
5	부사	14	동사변신			22	수식어
6	전치사					23	문장성문
7	접속사						
8	감탄사						
9	품사						

'사' 자 붙은 애들이 남학생이고, '어' 자 붙은 애들이 여학생이라 해도 어쨌든 애들이 모두 학생이긴 마찬가지이다. 그리고 어떤 애는 남학생인지 여학생인지 혼동될 때가 있는데, 술어와 동사가 바로 그런 애다. 술어에는 동사밖에 없고, 동사만 술어가 되기 때문에 아예 같은 이름표의 앞뒷면이라고 보아도 좋다. 그리고 술어는 서술어라 부르기도 있다. 서술할 때 쓰는 말이라는 뜻이다.

이제까지 영어반 학생들의 이름을 익혀보았다. 영어반 반장의 이름은 영어라는 여학생이고, 선생님 이름은 이계양이다. 이계양 선생님이 쓴 책 이름은 나름 잘 지어진 〈바로가능 영어〉이다.

이제부터는 영어반 친구들의 특성을 살펴본다. 누구는 어떤 특징이 있고, 어떤 애는 무얼 잘 하는지 이해한다면 그 애와 친구가 되는데 많은 도움이 될 것이다. 요즘 대부분의 학교에서 대세이기도 하지만, 어떤 남자애와 어떤 여자 애가 사귀는, 소위 말해 CC 즉, 캠퍼스Campus 커플Couple 내지 클래스Class 커플Couple이 일반화된 경우가 많아서 특히, 새로 전학 온 친구들은 이점을 잘 알아야 남의 CC한테 잘못 들이댔다가 봉변당하는 일을 피할 수 있을 것이다.

명사는 주어, 목적어, 보어와 두루 사귄다. 어장관리를 굉장히 잘하는 친구이다. 술어와 동사가 공식 CC라는 점은 바로 앞에서 얘기했다. 그리고, 보어는 양다리 걸치기를 즐겨 하는 애라서 명사라는 남학생과 어울리다가 형용사라는 남학생과도 교제를 하는 등 열린 마음의 여학생이라는 소문이 많다. 나쁘게 말해 양다리지, 좋게 보면 일종의 어장관리라 할 수 있다. 물이 좋다는 건 고기가 많다는 뜻이니, 평소 어장관리를 잘 하는 것도 필요한 듯 싶다. 어느 구름에 비 내릴지 모를 일이니, 비를 머금은 구름인 듯 하면 눈 여겨 보아둬 나쁠 것이 없겠다. 그러면 이제부터 본격적으로 품사의 개념과 활용 방법에 대하여 알아보자.

무릇 이름이란?

이름이란 세상에 존재하는 어떤 개념의 타이틀이자 라벨이다. 그래서 어떤 개념을 가리키는 이름을 모르면서 그 개념을 이해하고 활용하겠다는 것은 그야말로 어불성설이다. 영어 구사자가 되겠다 하면서 그 영어를 구성하는 개념들의 이름 익히기를 거부한다면, 참으로 답답한 노릇이 될 것이다.

품사라는 이름과 품사의 개념을 외면하고, 또 품사를 구성하는 명사, 동사, 형용사 등 개별 품사들의 이름에 친숙해지기를 거부한다면 영어의 주인이 될 수 없다. 아울러 부정사, 동명사, 분사, 분사구문 등의 용어들과도 가까워져야 한다.

영어는 잘 하고 싶어하면서, 영어를 구성하는 각 식구들의 이름이 나올 때마다 '또 그 이름이야' 하고 넌더리를 낸다면, 영어네 구성원들과 친구가 되기 어렵고, 영어의 이웃이 된다는 건 아예 불가능하다. 그러니 이제부터 영어네 식구들의 이름을 불러보는데, 그리고 들어주는데 거부감일랑 일체 가지지 말자!

사전에서는 품사가 '단어를 문법적 의미, 형태, 기능에 따라 분류한 갈래'라고 정의하고 있다. 이미 알다시피 영어의 모든 단어는 여덟 갈래, 즉 여덟 종류로 범주화되고, 이를 소위 8품사라 부른다. 그렇다면 이렇게 여덟 가지로 나누는 기준과 그 이유는 무엇일까? 이것을 이해한다면, 즉 이렇게 범주화되는 까닭을 이해한다면, 영어학습도 끝나고 여러분도 영어의 고수로 수직 상승하게 될 것이다. 이제 이렇게 범주를 나누는 이유와 그 각각의 범주에는 무엇이 있는지 알아보자.

〈표 4〉 8품사의 종류

종류	품사명(재료)	용도(쓰임새)	비유
1	명사	주어, 목적어, 보어	소금 (쌀)
2	대명사		맛소금 (쌀)
3	동사	동사	마늘
4	형용사	명사 수식	파
5	부사	동사, 형용사 수식	고춧가루
6	전치사	형용사, 부사로 변환	설탕
7	접속사	명사, 형용사, 부사 유도	기름
8	감탄사	감탄	깨

위의 표에 나타낸 여덟 가지 품사는 용도가 각각 다르다. 쉬운 이해를 위해 영어를 요리에 비유해 보자. 훌륭한 요리사는 소금, 마늘, 파, 고춧가루 등의 기본 양념을 적절하게 활용하고 혼합하여 맛있는 요리를 만든다. 그렇듯이, 영어를 요리하는 경우에도 8품사라는 재료를 적절하게, 용도에 맞게 사용해야 올바르고 맛있는 영어 요리를 완성할 수 있다. 실력 있는 요리사는 소금 넣어야 할 때 마늘 넣고, 설탕 넣어야 할 때 소금 넣고 그러지 않는다. 영어 요리사도 마찬가지이다. 명사를 쓸 때 동사를 쓰고, 형용사를 쓸 때 명사를 쓰고 그러지 않는다. 품사를 잘못 쓰면, 영어라는 요리가 엉망이 되기 때문이다.

아울러, 방송에서 요리 프로그램을 시청하게 되면, 요리사는 방송 내내 소금은 어떻게 넣고, 마늘은 어떻게 넣고, 그런 얘기만 하는 걸 본다. 양념 넣는 얘기를 **빼고** 요리법을 해설하는 것이 불가능하듯이, 영어의 원리에 대한 설명도 마찬가지이다. 여러분도 본서를 읽는 동안에 수없이 많은 부분에서 필자가 품사 얘기를 반복하는 상황을 마주하게 될 것이다. 요리 프로그램이나 영어학습 프로그램이나 재료를 **빼놓고** 본질을 완성한다는 것은 불가능하기에 이런 상황이 부득이함을 꼭 이해해 주시기 바란다.

품사의 용도에 대한 이해를 위하여 제1장 내용을 다시 한 번 상기해 보자. 영어 문장은 단순화하여 크게 두 종류로 분류할 수 있다고 하였다.

〈표 5〉 문장의 구조와 성분

형식	내용	성분		
형식1	부품	주어	술어	목적어
		밥	반찬	찌개
	재료	명사	동사	명사
		쌀	마늘	소금
	예문	Eugene	writes	a letter
형식2	부품	주어	술어	보어
		밥	반찬	국
	재료	명사	동사	명사/형용사
		쌀	마늘	소금/파
	예문1	Eugene	is	a gentleman.
	예문2	Eugene	is	gentle.

모든 문장은 〈주어+술어+목적어〉의 형식이거나 〈주어+술어+보어〉의 형식, 둘 중 한가지 형태를 띤다고 했다. 이 얼마나 단순 명료

한 형식인가! 요리의 밥, 반찬, 찌개, 국과 같은 기능이 주어, 술어, 목적어, 보어이다. 밥, 반찬, 찌개, 국 등으로 배를 채우듯이, 주어, 술어, 목적어, 보어로 의사전달의 배를 채운다. 그렇다면 이러한 부품들을 만들어낼 수 있는 재료에는 무엇이 있을까? 그것이 쌀, 소금, 마늘, 파 등이고 명사, 동사, 형용사, 부사 등 8품사이다.

첫째 형식인 〈주어 + 일반동사 + 목적어〉는 주어의 동작을 나타내고, 둘째 형식인 〈주어 + be동사 + 보어〉는 주어의 상태를 묘사한다는 것을 여러 차례 강조하였다. 술어에 일반동사가 오면 첫째 형식이고, 술어에 be동사가 오면 두 번째 형식이 된다는 것도 설명하였다. 그리고 이러한 문장 성분과 품사와의 관계도 이해되었을 것이다. 그렇다면, 이제 각 품사들이 어떤 용도로 쓰이는 재료인지를 보다 심도 있게 파악해 보자.

직역과 의역 사이

　문장에 쓰인 단어의 의미나 문장성분을 그야말로 곧이곧대로 해석하는 경우를 직역이라 하고, 원저자의 의도를 번역자가 의미는 살리되 약간 살을 붙이거나 변형하여 번역하는 경우를 의역이라 한다. 그런 가운데 부지불식간에 직역은 촌스럽고, 의역은 꽤나 세련된 번역 기술인 것으로 곡해하는 분위기가 많다.

　그런데 필자의 생각은 다르다. 외국 베스트셀러 원서와 번역서를 한줄 한 줄 정밀하게 비교하다 보면, 의역이 지나쳐 원문에 대한 곡해가 일어나는 경우를 많이 본다. 더구나 필자가 효과적인 영어학습법으로 강권하는 영어독서를 통한 영어능력 향상의 취지상으로 볼 때도 직역이야말로 영어원문을 이해하고 소화, 활용하는데 가장 바람직한 번역일 때가 많다. 그러니, 이제부터는 직역을 너무 푸대접하지 말자.

제1절 | 명사 名詞 Noun와 소금

명사는 형태가 있든 없든, 존재하는 모든 개념에 대한 이름 Name을 나타내는 말이다. 그리고 명사는 현실적으로 가장 많이 쓰이는 언어 재료이고 품사이다. 왜냐하면, 문장의 핵심성분인 주어, 술어, 목적어, 보어 중에서 술어동사 이외의 나머지 모두 즉, 주어, 목적어, 보어에 전부 명사가 쓰이기 때문이다.

예문 〈Eugene writes books.〉에서 Eugene, books 등 동사 빼고 모두 명사가 사용되고 있음을 주목하여 보자. 명사의 중요성에 대하여는 이어지는 제3장 동사의 변신 편에 나오는 부정사, 동명사 설명 부분에서도 재삼 확인하게 될 것이다.

TIP #10

〈영원한 것은 없다〉는 영원한 진리

모든 명사는 잠재적으로 형용사로 기능할 수도 있다. 일례로, summer camp의 경우를 보자. summer도 명사이고, camp도 명사이지만, 이 둘이 붙어 여름 캠프라는 뜻으로 이웃하게 되면, 앞의 명사는 자연스럽게 형용사 역할을 하게 된다. 이에 상응하는 우리말 '여름 캠프'의 경우도 마찬가지이다. 여름도 명사이고 캠프도 명사이지만, 이 두 단어가 조합되면 여름은 결국 캠프를 수식하는 형용사가 된다. case study 같은 경우도 마찬가지이다. 명사도 결국 영원히 명사인 것이 아니라, 경우에 따라서는 형용사 역할을 하게 됨도 유념할 필요가 있다.

Nouns can be used as the subject or object of a verb or as the object of a preposition.

명사는 동사의 주어 또는 목적어로 그리고 전치사의 목적어로 사용될 수 있다.

Longman 영어사전에서는 명사의 용도를 위와 같이 설명하고 있다. 설명에는 빠졌지만, 명사는 보어로도 사용될 수 있다. 문장에서 〈주어 + 일반동사 + 목적어〉 또는 〈주어 + be동사 + 보어〉의 양대 문장구조에서 동사를 제외한 주어, 목적어, 보어 자리에 명사 내지 명사 상당어구가 오니 명사의 위상과 위력은 가히 짐작하고도 남음이 있을 것이다. 결론적으로 문장 내에서 명사는 가장 강력한 용도를 자랑한다.

한국 요리에 있어서 소금은 안 들어가는 곳 없이 어디에나 들어가 음식의 간을 맞추는 핵심적인 역할을 하는 것처럼, 명사도 문장에서는 반드시 필요하기에, 본서에서는 명사를 소금, 때로는 밥 내지 쌀에 비유하였다.

제2절 | 대명사 代名詞 Pronoun와 맛소금

대명사는 문자적 의미 그대로, 명사를 대신하여 쓰는 단어들이다. 아래 두 문장을 살펴보자.

Eugene is a businessman. 유진은 사업가이다.
He works hard. 그는 열심히 일한다.

여기서 He는 Eugene이라는 명사를 대신하여 쓴 대명사이다. 따라서, 대명사는 기능이나 역할 면에서 명사와 거의 같다고 생각해도 무방하다. 대명사가 존재하는 가장 근본적인 이유는 명사 반복의 지루함을 피하고, 간결성을 확보하기 위함이다. 롱맨Longman 사전의 대명사Pronoun에 대한 정의도 맥락을 같이하고 있다.

A word that is used in place of a noun or a noun phrase.
명사 내지 명사구를 대신하여 쓰이는 단어

명사는 소금과 같다 했는데, 때로 명사 대신 대명사를 쓰는 것처럼, 소금 대신 쓰는 맛소금은 대명사와 그 역할이 비슷해 본서에서는 대명사를 맛소금에 비유하였다.

제3절 │ 동사 動詞 Verb와 마늘

동사는 주어의 동작이나 상태를 묘사한다. 따라서, 동작이라는 의미만 반영한 동사라는 단어보다는 동상사 動狀詞 즉, '동작과 상태를 나타내는 말' 이라는 호칭이 훨씬 더 적절하다고 하겠다. 필자가 영어교육계에 좀더 영향력 있는 인사가 된다면 동사를 동상사로 호칭하는 데에 전력을 다할 것이다. 그것이 동상사의 쓰임새를 제대로 이해하는데 훨씬 유익하기 때문이다.

원칙적으로나 실제적으로나 동상사는 문장에서 주어 다음에 오직 한번만 오도록 되어 있다. 이것은 규칙이고, 원칙이다. 규칙이 세워지는 데에는 또한 그만한 이유가 있다. 이치에 맞지 않음에도 불구하고 억지로 이러한 규칙을 만들어 놓고, 무조건 지키라고 요구하고 있는 것이 아니다. 늘 그렇게 하는 것이 합리적이어서 그리 한 것이니, 학습자들은 적어도 이 부분 만큼은 조건 없이 수용하는 것이 유익하다. 왜 그런지는 어느 정도 학습이 이루어지고 나면, 자연스럽게 수긍이 갈 것이다.

그런데 영단어의 세계에서 의미를 가장 풍성하게 보유하고 있는 범주 또한 동사군이다. 이렇게 풍성한 동사를 활용하여 다른 용도 즉, 다른 품사로 활용해 보려는 기술이 부정사와 동명사, 분사, 분사구문 테크닉이다. 이에 대한 자세한 서술은 이어지는 〈제3장 동사의 변신〉 부분에서 다루기로 한다. 아울러, 〈제6장 단어의 구성원리〉에서는 동사에 속한 단어가 어떻게 접두어 또는 접미어 장치를 통하여 다른 품사로 바뀔 수 있는지에 대하여도 기술한다.

Eugene writes a letter. 유진은 편지를 쓴다.

He is a businessman. 그는 사업가이다.

이 문장에서 write는 동사, is는 상사로서 각각 주어의 동작이나
상태를 나타내고 있다. 주인공의 동작을 나타낼 때에는 일반동사가
오고, be 동사가 오면 주어의 상태를 묘사하게 된다. Longman 사
전에서의 동사Verb에 대한 정의는 다음과 같다.

Verb is used in describing an action or state
동사는 동작이나 상태를 묘사하는 데에 사용된다.

요리의 경우에도 마늘은 어디에나 꼭 들어가 음식이 음식다울
수 있도록 핵심적인 역할을 하는 것처럼, 동상사도 모든 문장에 반
드시 들어가 본연의 역할을 하기에, 본서에서는 동상사를 마늘에 비
유하였다. 밥과 마늘 장아찌면 최소한의 식사가 가능한 것처럼 마늘
은 요리에서 그만큼 중요하다 하겠다.

영어반 1분단 친구들

영어반의 1분단은 영어의 기본개념을 좌지우지하는 친구들로 구성되어 있다. 1분단장을 맡고 있는 품사란 친구 아래 이 분단의 1번 친구는 명사이다. 이 친구는 가장 하는 일이 많아, 영어반의 회장이라고 할 수 있다. 얘는 영어가 실제로 모습을 드러내는 문장이라는 실체에서 주어, 목적어, 보어를 담당하는 가장 커다란 일을 한다.

2번 대명사는 명사가 바쁘거나 피곤할 때, 대리로 출석하는 친구이다.

3번 동사는 영어반에서 이름표가 잘못된 학생이다. 이 친구의 정확한 이름은 동상사이다. 문장이 일반동사를 가지고 동작을 묘사할 때든, be동사로 상태를 나타낼 때든, 동상사는 영어 문장에서 척추와 같은 중추적 역할을 담당한다.

4번 형용사는 스타일리스트 내지 코디네이터이다. 명사를 예쁘게 꾸며주는 역할을 주로 한다.

5번 부사는 부사관이 되려는 친구이다. 정규 사관학교에 들어가 장교가 되고 별을 달려는 야망의 친구가 아니라, 부사관으로 들어가 적당히 부수적인 역할만을 하며 살아가려는 친구이다. 그러면서도 스스로는 자신의 역할이 문장 안에서 매우 중요하다고 믿고 있다. 실제적으로도 부사가 없으면 부대가 제대로 돌아가지 않는다. 드라마 〈태양의 후예〉에서 부사관 서대영 상사가 없으면 윤명주 중위도 없고, 주인공 송중기의 역할도 빛나지 않듯이 말이다.

부통령, 부의장, 부위원장, 부지사, 부시장, 부회장, 부사장, 부총장,

부대표, 부반장, 부목사 등에서 부사의 위상을 유사하게 발견할 수 있다.

6번 전치사는 늘 단짝과만 움직이는 친구이다. 그녀의 단짝 친구는 명사이다. 이 친구는 명사가 없이는 절대로 혼자 행동하지 않는다. 이 친구가 움직이는 바로 뒤에는 명사가 늘 따라간다. 썸타는 커플처럼 말이다.

7번 접속사라는 친구는 일진이다. 늘 떼로 몰려다닌다. 조직적으로 덩치를 불려서 움직인다. 일진은 불량써클이지만 접속사랑 어울리는 명사절, 형용사절, 부사절 떼친구들은 늘 좋은 일만 한다.

8번 감탄사는 감탄이나 비탄 등 영어반의 로맨스를 전달하는 역할을 한다. 문법적으로는 그리 대단한 역할이나 비중이 있는 친구들은 아니다.

그리고 마지막으로 영어반 1분단에는 청강생, 다시 말해 비정규 품사 학생이 있는데, 이름하여 조동사이다. 이 친구는 1분단에 정식으로 자리는 없지만, 1분단의 동사라는 친구 옆 자리에 앉아 동사에게 도움이 필요하면 늘 나서서 돕는다.

영어반 급훈 〈품사를 알면, 영어 끝!〉

제4절 │ 형용사 形容詞 Adjective와 파

형용사는 글자 그대로, 형용해주는, 수식해주는, 꾸며주는 기능을 하는 단어이다. 그렇다면 무엇을 꾸며준다는 말일까? 형용사는 명사를 꾸며주는 기능을 한다.

Eugene is a rich businessman.
유진은 부유한 사업가이다.

여기서 rich는 명사 businessman을 꾸며주는 형용사가 된다. 단일 단어만 형용사가 되는 것이 아니라 구나 절도 그 덩어리 전체로 하나의 형용사 기능을 한다. 구로서 형용사 기능을 수행하는 경우에는 부정사와 분사 용법이 있다. 문장 전체가 형용사절로서 명사를 수식하는 경우나 〈전치사 + 명사〉가 구의 형태로 형용사로 기능하는 경우도 있다. 여기에 대하여는 본 장 제10절과 이어지는 제3, 4, 5장에서 줄곧 설명한다.

위 예문의 rich businessman이나 pretty woman의 경우에서처럼 단일한 단어의 형용사는 수식하는 명사의 앞에 위치한다. 그런데 something, anything, nothing 등의 경우처럼 -thing으로 끝나는 명사는 단일 단어 형용사라 해도 후치한다. 이러한 복합명사에서는 some, any, no 등이 이미 형용사 역할을 하고 있다고 볼 수 있기에 의미를 명료하게 살려주기 위한 불가피한 선택이라 할 수 있겠다. 예전에 〈Something Special〉이라는 위스키 브랜드를 접하면서 이러한 특수 형용사 용법을 상기하기도 하였다.

형용사구나 형용사절과 같은 덩어리 형용사는 길이도 길고, 의미상의 혼돈을 방지하기 위하여도 부득이 수식하는 명사의 뒤에 위치한다.

Something to eat 먹을 뭔가

Woman in love 사랑에 빠진 여인

The best thing that I can do is English teaching.
내가 가장 잘 할 수 있는 일은 영어 가르치기이다.

형용사라고 바로 뒤따르는 명사만 수식하는 것은 아니다. 아래 예문에서와 같이 주어를 수식하는 주격 보어가 되거나, 목적어를 수식하는 목적격 보어로도 기능한다. 결국 보어는 명사, 형용사 모두가 될 수 있다.

Eugene is gentle.
유진은 신사적이다.

Eugene makes his wife happy.
유진은 자기 아내를 행복하게 해준다.

사전 Longman의 형용사에 대한 정의는 매우 간단하다.

A word that describes a noun or pronoun.
명사 또는 대명사를 수식하는 단어

형용사가 만들어지는 경로를 총괄적으로 정리하면 아래와 같다.

1) Eugene is a rich gentleman. – 순수형용사
   유진은 부유한 신사이다.

2) Eugene is gentle. – 서술적 형용사
   유진은 신사적이다.

3) Eugene is posting a letter. – 진행형 현재분사
   유진은 편지를 부치고 있다.

4) A letter is posted by Eugene. – 수동태 과거분사
   편지가 유진에 의하여 발송된다.

5. Eugene has already posted a letter. – 완료 과거분사
   유진은 이미 편지를 발송했다.

6. Please give me something to work. – 부정사
   나에게 일할 거리를 달라.

7. Look at that rising sun. – 현재분사
   저 떠오르는 태양을 보라.

8. There is a Jewish leader named Nicodemus. – 과거분사
   니고데모라는 유대 지도자가 있었다.

9. Sun of Jamaica – 전명구 형용사
   자메이카의 태양

10. The harvest you reap will depend
    on the seeds you plant. – 형용사절
    당신이 거둘 수확은 당신이 뿌리는 씨앗에 달려 있다.

그런데 형용사와 비슷한 – 유사 형용사라고 할 수 있는 – 관사라는 비정규직 품사도 익혀 놓을 필요가 있다. 사람들 중에는 모자를 쓰는 사람이 있고, 안 쓰는 사람도 있다. 쓰는 사람들 중에도 어떤 사람은 거의 늘 쓰고, 어떤 사람은 가끔 쓴다. 여기서 사람을 명사에 비유하면 모자에 해당하는 것이 관사이다. 한자로 관冠자도 모자를 나타내는 글자이다. 우리에게 친숙한 숙어 속에서 관사 사용의 임의성을 살펴보자.

at last (마침내)
for a while (잠시 동안)
in the end (결국에는)

이 숙어들을 보면, 어떤 때에는 관사가 들어가 있고, 어떤 경우에는 관사가 없다. 사람이 모자를 쓰는 경우가 임의적이듯이, 관사도 그렇다. 관사의 동반여부는 그야말로 관습적인 것이다. 습관적으로 사용하고, 습관에 의해 결정되는 것은 결국 그것이 습관이 되도록 하는 것 외에 달리 방법이 없다.

명사 앞에서 명사의 성격을 개념 지어 준다는 측면에서는 관사도 일종의 형용사로 볼 수도 있다. 그런 관사에는 두 가지 종류가 있다.

〈표 6〉 관사의 종류

구분	실체	의미
정관사 定冠詞	the	특정한 것
부정관사 不定冠詞	a 또는 an	불특정한 어떤 것

한자어 의미 그대로 정관사는 뭔가 정해진 것을 지칭할 때, 그리고 부정관사는 뭔가 특정한 것이 아닌 것을 가리킬 때 쓰인다. 부정관사 a와 an은 별개의 것이 아니라, 뒤에 오는 명사가 자음으로 시작하면 a가 오고, 모음이면 an이 온다. 이는 단지 발음상의 편의성을 고려한 변형일 뿐이다. 모음이 충돌하는 a apple 보다는 an apple이 발음상 편리함을 실감할 것이다.

I have a dog. The dog is very cute.
나는 개가 한 마리 있다. 그 개는 매우 영리하다.

위와 같은 예문을 통하여 〈a dog〉과 〈the dog〉의 쓰임새의 차이를 실감할 수 있을 것이다. 이러한 문장에서 a나 the를 빼면 의도한 어감을 충분히 살릴 수가 없게 된다. 그것이 관사의 용도이다. 어떤 단어를 사전에서 찾으면, 여러 가지 뜻으로 사용되는 것을 보듯이, a와 the도 몇 가지 다른 의미 내지 용도를 함께 가지고 있다. 문맥 속에서 의미와 어감상의 차이를 익히는 것도 한가지 방법이고, 사전에서 a, the의 용법을 한 번 일별해 보는 것도 나쁘지 않을 것이다.

in the morning (아침에)
the universe (우주)
the Netherlands (네덜란드)
the Royal Academy (왕립 아카데미)

위와 같이 일부 특수한 경우에서는 정관사 the가 반드시 동반되기도 한다. 최상급 앞, 유일한 것, 고유한 것 등의 앞에서는 필연적으로 the가 동반되는 것을 볼 수 있다.

한국요리에서 파는 음식의 맛을 더욱 깊게 살려주는 역할을 하기에, 본서에서는 형용사를 파에 비유하였다. 건강한 요리를 만드는데 한없이 유익한 양파도 상관없다.

제5절 | 부사 副詞 Adverb와 고춧가루

부통령, 부회장, 부사장, 부대표, 부반장, 부위원장, 부목사 등에서 보듯이 부副자字가 들어가면 뭔가 부차적인 기능만 하는, 부수적인 존재가 된다. 부사도 그렇다. 부사는 동사나 형용사 또는 다른 부사를 수식하는 기능을 하거나, 자체적으로 일정한 상황을 연출하면서 순수하게 부사로서의 역할을 하기도 한다. 부사가 되는 경우의 수는 많다. 순수하게 원래부터 부사인 단어도 있지만, 동사에서 출발하여 변신한 부정사나 분사구문과 아예 완전한 문장 형태를 갖추고서도 부사로 기능하는 부사절도 부사의 범주에 들어간다. 전치사와 명사가 결합하여 부사로 기능하는 경우도 있다.

He works hard.
그는 열심히 일한다. (동사 수식)
Eugene is a very rich businessman.
유진은 아주 부유한 사업가이다. (형용사 수식)
He speaks English very well.
그는 영어를 매우 잘 한다. (부사 수식)
To be honest, I am not rich.
솔직히, 나는 부자가 아니다. (독립 부정사 부사)
As it rained, I could not go.
비가 와서, 나는 갈 수 없었다. (부사절 부사)

Longman 사전의 정의는 부사의 개념을 잘 보여 주고 있다. 하나의 문장 내에서 뚜렷하게 자기 역할을 하는 명사, 동사, 형용사 이외의 단어를 부사로 보면 크게 틀리지 않다.

A word or group of words that describes or adds
to the meaning of a verb, an adjective, another adverb,
or a whole sentence.
동사, 형용사, 다른 부사 또는 문장 전체를 수식하거나 의미를
더하여 주는 단어나 단어군

부사가 탄생하는 경로를 총괄적으로 정리하면 다음과 같다.

1. Eugene is very gentle. – 순수 부사
   유진은 아주 신사적이다.

2. He came to see me yesterday. – 부사 부정사

3. Turning left, you will find a post office. 분사구문
   (If you turn left, you will find a post office.)
   왼쪽으로 돌면, 너는 우체국을 발견할 것이다.

4. Surrounded by the sea, Korea has a mild climate.
   – 분사구문
   (Since it is surrounded by the sea, Korea has a mild
   climate.)
   바다에 둘러싸여서, 한국은 온화한 기후를 가진다.

5. At last, my dream came true. – 부사 전명구
   마침내, 나의 꿈이 이루어졌다.

6. As it is snowing, I cannot return. - 부사절

눈이 오고 있기 때문에, 나는 돌아갈 수 없다.

한국요리가 더욱 한국적일 수 있도록 부수적으로 중요한 역할을 하는 것이 고춧가루이기에, 본서에서는 부사를 고춧가루에 비유하였다. 고춧가루 없는 한국요리를 상상할 수 없듯이, 부사 없는 영어는 마치 김빠진 맥주 같다 할 것이다.

제6절 | 전치사 前置詞 Preposition와 설탕

전치사는 글자 그대로, 앞에 위치하는 말이라는 뜻이다. 그렇다면 무엇의 앞에 위치한다는 의미일까? 정답은 '명사 앞에 위치한다' 이다. 그렇게 전치사는 늘 명사 앞에 위치한다. 그리고는 그 명사를 전치사 자신이 목적하는 상황으로 이끌어간다. 명사가 의미하는 그 자체를 '가지고' 어떻게 하겠다고 묘사할 때는 전치사 'with'를 전치시키고, 그 명사가 가리키는 개념의 '이후' 를 나타낼 때는 전치사 'after' 를 전치시키는 식이다. 이런 식의 결합으로 〈전치사+명사〉구는 형용사나 부사적 기능을 하게 한다. 먼저 부사적인 경우의 예를 보자.

with pleasure 즐거운 마음으로, 기쁨으로
after school 수업 후에

그렇게 '전치사+명사' 형식으로 된 전명구가 마치 한 단어처럼 되어 부사나 형용사로서 기능하게 하는 것이 전치사의 임무이다. 형용사적인 경우도 마찬가지이다. 예를 들어 woman이라는 단어와 love라는 단어가 있다고 치자. 그런데 이 woman과 love 사이에 in이라는 전치사가 들어가면 어떻게 될까?

Woman in love (by Barbra Streisand)
사랑에 빠진 여인

이렇게 되면 'in + love'는 '전치사 + 명사' 형태의 구가 되어 한 덩어리의 형용사로서 Woman이라는 명사를 수식하는 기능을 한다. 이번에는 전명구가 부사로서 기능하는 예를 다시 한번 살펴보자.

At last, my dream came true. 마침내, 나의 꿈이 이루어졌다.

여기서 'at + last'는 '전치사 + 명사' 형태의 구로서 하나의 부사 역할을 하게 된다. 전치사의 이러한 기능은 대단히 중요하여, 제4장 전치사 편에서 별도로 자세히 다루기로 한다.

Random House 영어사전이 제공하는 전치사에 대한 정의는 전치사의 기능과 용도를 잘 설명하여 주고 있다.

A class of words that are used before nouns, pronouns, or
other substantives to form phrases functioning as modifiers
of verbs, nouns, or adjectives
동사, 명사, 형용사의 수식어로 기능하는 구를 형성하기 위하여
명사, 대명사 내지 상당어구의 앞에 사용되는 품사

한국의 먹거리에서 본연의 달달함으로 달콤함을 더하여 주는데 없어서는 안될 것이 설탕이기에, 본서에서는 전치사를 실력 있는 요리사거나 아니거나 애용하는 설탕에 비유하였다. 조미료 MSG라도 상관없다.

명팝송과 전치사

전세계를 풍미한 영국의 여가수 Adele의 노래 중에 'Someone like you'라는 명곡이 있다. 혹자는 이 노래 제목을 보고 like를 언뜻 동사 '좋아하다'로 해석하지 않을까 싶다. '누군가가 당신을 좋아한다'는 의미로 말이다. 그런데 여기서 like는 전치사였고, '당신 같은 누군가'라는 의미로, 사랑할만한 또 다른 어떤 사람을 그리는 노래 제목이었다. 물론 형용사구로서 말이다. 이렇게, 제대로 된 영어 소양은 문화와 예술을 올바로 이해하고 즐길 수 있게 해주기도 한다.

제7절 │ 접속사 接續詞 Conjunction와 참기름

접속사는 말 그대로 뭔가를 접속시켜주는 역할을 하는 단어이다. and, but, or 등이 대표적이다. 이러한 접속사는 단어와 단어, 구와 구, 문장과 문장을 접속시켜준다. 서로를 대등하게 연결시켜주는 이와 같은 등위접속사 외에 종속접속사라는 것도 있다.

문장에는 주어와 동사 하나만 가지는 단문만 있는 것이 아니다. 그 주절 외에 별도의 종속절 문장이 명사절, 형용사절, 부사절이라는 이름으로 하나의 문장 안에 함께 거주하는 경우도 많다. 이러한 종속절을 이끌어 접속시키는 것이 종속접속사이다.

전치사가 자신의 뒤에 명사 상당어구를 동반하여 전명구 형태를 취하면서 형용사나 부사를 탄생시키듯이, 기능은 똑같은데 절을 동반하여 명사절, 형용사절, 부사절을 만드는 것이 종속접속사이다. 이때의 종속접속사는 어쩌면 전치사와 기능면에서 동일하다고 할 수 있다. 전치사 뒤에 명사 상당어구가 온다면, 종속접속사 뒤에는 절이 온다는 차이만 있을 뿐이다. 등위 접속사만 존재한다면, 접속사가 품사 중에서 그다지 중요하지 않다 할 수도 있으나, 전치사 기능과 유사한 종속접속사 때문에 영어법의 세계에서 접속사도 어느 정도는 대접을 해줘야 하는 상황이다.

I love my children, but they do not love me. (대등접속사)
나는 아이들을 사랑하지만, 자녀들은 그렇지 않다.
It is true that my daughter is a soldier. (명사절 – 주어)
내 딸이 군인이라는 것은 사실이다.

The problem is that you have no money.(명사절 − 보어)

문제는 네가 돈이 없다는 것이다.

I don't know whether he will come or not. (명사절 − 목적어)

나는 그가 올지 안 올지 잘 모르겠다.

I like a businessman who is rich. (형용사절)

나는 부유한 사업가를 좋아한다.

When I returned, nobody was at home. (부사절)

내가 돌아왔을 때, 집에는 아무도 없었다.

예문에서, 첫 번째 문장 이외에는 모두 종속접속사로 기능하고 있다. 밑에서 두 번째 형용사절은 특별히 주목할 필요가 있다. 이러한 형식은 제5장의 관계사절에서 나오는 '종속접속사 + 대명사' 형태의 관계대명사 구조로 이어지기 때문이다. 자세한 내용은 해당 부분에서 다시 설명한다.

American Heritage 사전의 정의는 다음과 같다.

The part of speech comprising words that connect other words, phrases, clauses, or sentences.

다른 단어나 구, 절 또는 문장을 연결하는 단어들을 포함하는 품사

산나물 같은 요리에 있어 재료들 사이의 맛을 접속시켜 주는데 꼭 들어가야 하는 것이 참기름이라는 생각에, 본서에서는 접속사를 참기름에 비유하였다. 여름철 비빔밥에 풍미를 더해주는 들기름도 상관없다.

제8절 | 감탄사 感歎詞 Interjection와 깨소금

영단어에 있어서 감탄사의 비중은 그리 높지 않다. 거의 무시해도 상관없을 정도이다. Oh! Bravo! Jesus! Oh my god! 등과 같이 특별히 감탄이나 비탄을 드러낼 때 사용되는 단어가 감탄사이다. 감탄사에 대한 정의는 다음과 같다.

A part of speech consisting of a phrase, word, or set of sounds used as a sudden remark, usually expressing a strong feeling such as shock, disapproval, or pleasure
통상 충격, 거부 또는 기쁨과 같은 강한 감정을 표현하는
갑작스런 표현으로 사용되는 구, 단어, 소리 등으로 구성되는 품사

흔히들 부부 사이에 행복이 쏟아지는 감탄 어린 상황을 묘사할 때 깨가 쏟아진다고 한다. 본서에서도 감탄사를 깨소금에 비유하였다.

명팝송과 복수

영어는 단수표현이냐 복수냐가 굉장히 민감한 언어이다. 우리말은 '나'라는 단수와 '우리'라는 복수 표현에 그다지 민감하지도, 철저하지도 않다. 그래서 종종, 남편이 '우리 안사람은' 하거나. 외아들이 '우리 엄마는' 하고 말한다. 그런데 서양 사람은 그러는 법이 없다. 신체를 표현할 때도 마찬가지다. 우리 몸에서 하나 뿐인 코, 입 등은 단수 nose, mouth로 족하다. 그런데. 눈, 귀, 입술, 팔, 다리 등은 기본적으로 eyes, ears, lips, hands, legs 라고 해야 한다. 굳이 하나만 표현해야 할 때에만 단수로 한다.

이러한 상황을 가장 잘 드러낸 노랫말이 있어 소개한다. 명팝의 전설 Adele의 〈Set Fire to the Rain〉의 도입부 가사이다. 몸소 YouTube의 노랫말Lyrics 영상을 열어 확인해보기 바란다. 마지막 줄의 feet도 '발'을 나타내는 foot의 복수로 표현되고 있다.

It was dark and I was over
Until you kissed my lips and you saved me
My hands, they're strong
But my knees were far too weak
To stand in your arms
Without falling to your feet

제9절 │ 비정규직 품사 – 조동사 助動詞

    문장 내에서 핵심적인 역할을 하는 동상사가 필요에 따라 부득이 조수를 필요로 하는 경우가 있다. 이러한 단어들을 보조동사 내지 조동사라 부른다. 대략 열댓 개 정도의 조동사들이 갖는 공통적인 성격이나 기능을 염두에 두고 접근하는 것도 방법이고, 이러한 단어들이 갖는 개별적인 용도에 초점을 맞추어 개별적으로 접근하는 것도 하나의 방법일 것이다.

    동상사의 경우는 현재형과 과거형이 명확하게 따로 존재한다. 조동사의 경우도 비슷하게 과거형이 있는데, 이 과거형은 완전한 과거형이라기보다 과거형스럽다고 표현하는 것이 더 근사치에 가깝다 하겠다. 왜냐하면 과거형의 형태를 가졌음에도 불구하고 과거를 나타내는 것과는 상관없이 쓰이기도 하기 때문이다. 부정이나 금지를 나타내고자 할 때는 이 조동사와 본동사 사이에 not을 넣는다.

〈표 7〉 조동사 일람

현재형(원형)	과거형	용도
may	might	허가, 추측, 가능, 기원, 겸양
can	could	가능, 허가, 금지, 겸양
will	would	의지, 명령, 습성, 추측, 의무
shall	should	
do	did	강조, 대동사
have to	had to	의무, 주장, 필연, 금지, 추측
must		
ought to		
need		필요
dare		감히 ～하다
	used to	과거 습관

몇 가지 예문을 통하여 조동사 용법이 무엇인지를 느껴보자. 어떤 조동사가 어떤 의미, 어떤 용법으로 쓰였는지는 문맥을 통하여 파악할 수 밖에 없다.

May I come in? 들어가도 될까요? (허락)

May God bless you! 신의 가호를! (기원)

Can you speak English? 너는 영어할 수 있니? (가능)

Could you show me the way? 길을 가르쳐주시겠습니까? (부탁)

You must keep the rules. 너는 규칙을 지켜야 한다. (의무)

I have to meet her. 나는 그녀를 만나야만 한다. (의무)

I will do my best. 나는 최선을 다하겠다. (의지)

Shall I close the door? 문을 닫을까요? (허락)

I do love her. 나는 그녀를 정말 사랑한다. (강조)

Did you go there? 너는 거기에 갔었니? (조동사)

Yes, I did. 예, 그랬습니다. (대동사)

Would you give me the sample? 견본을 주실 수 있나요?
(허락, 겸양)

You should do this. 너는 이것을 꼭 해야 한다. (의무)

Shall we dance? 우리 춤 출까요? (권유)

How dare you say so?
너는 감히 어떻게 그렇게 말할 수 있니? (감정)

We used to go for a walk. 우리는 산보를 하곤 했다 (습관)

사리돈을 아시나요?

영어가 한 시간여에 완성된다는데 자꾸만 아니라고 우기는 사람들이 있다. 두통으로 끙끙대는 사람에게 즉효인 사리돈을 권하는데, 이까짓 알약 한 알 따위가 무슨 도움이 되겠냐며 한사코 복용을 거부한다면, 그는 두통에 계속 시달릴 수 밖에 없다. 영어 구사에 즉효를 내는 책이 있다. 이 책이 바로 그 책이다. 믿고 따라 읽든지, 안 믿고 계속 영어 세계의 단역으로만 맴돌든지는 본인이 선택할 나름이다.

제10절 | 덩어리 품사, 구와 절

　문장을 자동차에 비유하여 설명한 바 있다. 하나의 자동차를 완성품이라고 했을 때, 이러한 자동차가 여러 가지 부품으로 구성되듯이, 문장 Sentence은 언어의 세계에서의 완성품이고, 문장이라는 완성품에도 필요로 하는 부품들이 있다. 그것이 주어, 술어이고, 목적어, 보어, 그리고 수식어이다. 자동차 부품들도 작은 단위의 단품이 있고, 모듈 Module 단위의 덩어리 부품이 있듯이, 문장의 구성요소들도 단어는 물론 구와 절이 될 수도 있다.

　단어Word는 더 이상 나눌래야 나눌 수 없는, 의미 표현의 최소 단위이다. 그래서 품사는 단어를 기본 단위로 한다. 그런데 하나 이상의 단어가 모여, 그렇게 모인 덩어리 전체로 하나의 단어 내지 품사, 즉 명사나 형용사, 부사로 기능하는 경우가 있다.

　이를 통상, 구句라고 하는데, 싯구詩句라는 표현에서처럼, 구는 완전한 문장 형태를 이루지는 않는, 단어의 덩어리이다. 구가 하나의 품사로 기능하는 가장 대표적인 형태가 '동사의 변신'을 통하여 탄생하는 '부정사, 동명사, 분사, 분사구문'이다. 단일 단어로 명사, 형용사, 부사로 기능하는 경우도 많지만, 구의 형태를 띠고 특정 품사 기능을 수행하는 경우도 적지 않다. '부정사, 동명사, 분사, 분사구문'은 동사를 다른 품사로 변용하는 기술이고, 동사 출신이다 보니 의미상의 주어나 목적어가 동반될 수 있기 때문에 자주 구의 형태로 나타난다. 그런 의미에서 부정사는 동사가 명사구, 형용사구, 부사구로 활용되는 비법이다. 반면에 동명사는 동사가 명사구로 활용되는 방법이며, 분사는 동사를 형용사로 활용하는 테크닉이고, 분사구문은 동사를 부사로 활용하는 기술이다.

또 한가지 구의 형태로 단일 품사가 되는 중요한 방법이 앞의 제6절 전치사 부분에서 설명한 '전치사 + 명사' 형태의 전명구이다. 이러한 전명구가 형용사나 부사로 쓰인다는 것 또한 설명하였다. 그러함에도 불구하고, '제4장 전치사의 활용' 에서 더욱 심도 있게 재해설한다.

제1항 명사구

〈부정사 형태의 명사구〉

To give up enthusiasm wrinkles the soul.
열정을 포기하는 것은 영혼을 주름살지게 만든다.

It is wise to learn a little about a lot.
폭넓은 분야에 대하여 조금씩이라도 알아두는 것은 현명한 일이다.

〈동명사 형태의 명사구〉

His rescuing the child was a brave action.
그가 어린이를 구한 것은 용감한 행동이었다.

A good job means being a good employee.
좋은 직업은 훌륭한 직원 또는 월급쟁이가 된다는 의미이기도 하다.

제2항 형용사구

〈부정사 형태의 형용사구〉

Every player is under an obligation to keep rules.

모든 선수는 규칙을 준수할 의무를 지닌다.

Failure is the opportunity to begin again in a new and better way.

실패는 새롭고 더 나은 방법으로 다시 시작할 수 있는 기회이다.

〈분사 형태의 형용사구〉

Birds flying south in search of winter sun.

겨울 햇살을 찾아 남쪽으로 날아가는 새들

〈전치사 + 명사 형태의 형용사구〉

Sun of Jamaica (by Goombay Dance Band)

자메이카의 태양

제3항 부사구

〈부정사 형태의 부사구〉

I'll be there to comfort you.

널 위로하기 위해 내가 함께 해 주겠다.

Don't wait to encourage someone.

남을 격려함에 있어 때를 기다리지 마라.

바로 위 예문들에서 의미상의 목적어 you나 someone을 눈여겨 보자. 동사라는 품사가 목적어를 갖는다는 점을 상기한다면 의미상 의 목적어가 동반됨이 자연스럽게 이해될 것이다.

〈전치사 + 명사 형태의 부사구〉

At last, my dream came true.

마침내, 나의 꿈이 실현되었다.

Without inspiration, it is extremely difficult to achieve success.

영감 없이는, 성공을 이룩하기가 극도로 어렵다.

제4항 절 이야기

누군가로부터 잔소리를 듣게 될 경우, 흔히 '일절만 하시죠' 라며 상황을 모면하려 하게 된다. 여기서 쓰인 '일절', 애국가 '일절' 등에 서의 '절' 이 주는 어감에서도 느끼겠지만, 절은 길다. 다시 말하 면, '구' 와는 달리 '절' 은 온전한 문장의 형태를 띤다. 주어와 동사 를 완전히 가지는 문장이면서도, 그저 하나의 명사나 형용사, 부사 로서의 역할에만 머무는 경우를 우리는 '종속절' 이라 부른다. 왜냐 하면 한 문장에서 주절은 주어와 동사의 결합으로 단 한번만 오도록 규칙으로 정해 놓았기 때문이다. 영어는 원래 그렇다. 전체 문장에서 주절이 하나 뿐인 것은 한 나라에서 대통령이 한 사람뿐이어야 하는 것과 같은 이치이다.

이와 같이, 문장 안에서 별도로 〈주어 + 동사 + …〉 형태를 가지는 절이 하나의 명사, 형용사, 부사 구실을 하는 경우를 복문이라고 한다. 깊이 들어가면 중문, 혼성문 등도 있지만, 영어의 개략을 제시한다는 본서의 저술 취지에서 벗어나므로 이 정도로 마친다. 제 5장에서 설명하는 관계대명사 및 관계부사 문장은 일종의 형용사 절로 이해해 두자.

TIP #15

구구절절

우리가 별 생각 없이, 그것도 주로 부정적인 용도로 쓰는 '구구절절'이라는 사자성어가 영어학습에서 갖는 의미는 매우 의미심장하다. 영어문장은 순수한 개별 단어 외에 대부분의 의미 단위가 구와 절이라는 형태로 구성된다.

우리말에서 하소연이나 변명같이 그다지 쓸데 없는 소리를 늘어놓을 때 쓰는 표현이 '구구절절'이지만, 영어에서만큼은 특별하게 대접받아야 한다. 영어의 세계에서 너무나 중요한 역할을 하는 구와 절의 위상을 절묘하게 묘사해주고 있기 때문이다.

제5항 명사절

주어와 동사를 갖춘 문장이면서도 하나의 명사로서만 기능하는 절을 명사절이라 한다. 원래 명사가 그렇듯이 명사절은 주어나 목적어, 보어로서 활동한다. 종속절을 유도하는 접속사들은 종속접속사이다.

Whether he will come or not is doubtful.
그가 올지 안 올지는 의문스럽다.

The secret which I know is that he stole the money.
내가 알고 있는 비밀은 그가 돈을 훔쳤다는 것이다.

바로 위 예문에서 that절은 보어로 쓰인 명사절이다. 그런데 주어 The secret를 수식하는 which I know는 형용사절로서 바로 다음 제6항에서 설명한다.

제6항 형용사절

주어와 동사를 갖춘 문장이면서도 하나의 형용사로서만 기능하는 절을 형용사절이라 한다. 원래 형용사가 그렇듯, 형용사절은 절 전체로 명사를 수식한다.

This is the book which I wrote.

이것은 내가 쓴 책이다.

The best education that entrepreneurs can receive comes
from experience.

창업가가 받을 수 있는 최고의 교육은 경험으로부터 온다.

제7항 부사절

주어와 동사를 갖춘 문장이면서도 하나의 부사로서만 기능하는
절을 부사절이라 한다. 원래 부사가 그렇듯, 부사절은 그 자체로 부
사가 하는 모든 기능을 수행한다.

As it rained, I could not come.

비로 인해서, 나는 올 수 없었다.

If you don't enjoy your work, change your work.

자신의 일을 즐길 수 없다면, 당장 일을 바꿔라.

이제 특별한 문장을 소개하고자 한다. 다음 문장에는 몇 개의
절이 들어 있을까? 언뜻 다섯 개 같아 보이지만 밑줄이 없는 The
only reason is라는 주절을 포함하면 여섯 개나 된다. 영어 문장이
란 이렇게 신비하고 오묘하다. 밑줄 순서로 절의 성격을 이름하여 보
면 형용사절, 명사절(목적어), 형용사절(주격보어), 명사절, 명사절로
분해해 볼 수 있다.

The only reason why people do not have what they want is because they are thinking more about what they don't want than what they do want.

사람들이 자신이 원하는 것을 갖지 못하는 이유는 자신이 원하는 것보다 원하지 않는 것에 대하여 더 많이 생각하기 때문이다.

When you focus your thoughts on something you want, and you hold that focus, you are in that moment summoning what you want with the mightiest power in the universe.

당신이 원하는 것에 생각을 맞추고, 계속 집중할 때, 당신은 그 순간 가장 강력한 힘으로 우주에서 당신이 원하는 것을 불러들이고 있는 것이다.

위 문장에서 주절 외에 밑줄 친 부분의 절들은 부사절, 형용사절, 부사절, 명사절이다. 원어민들은 절들도 마치 하나의 단어처럼 자유자재로 쓰고 있다. You are summoning what you want. 라는 주절 주변에 많은 종속절들을 마음껏 포진시키고 있는 것을 확인할 수 있다.

아직까지 위와 같이 상당수의 절을 포함하는 긴 문장들의 구조에 대한 이해가 쉽지 않아도, 제5장 접속사 편까지 익히고 나면 저절로 실력이 향상되니, 독자 여러분께서는 아직 여기서 절망할 일은 아니다.

제11절 | 문장의 4총사 품사

품사의 종류가 여덟 가지라지만, 실제로 문장 현장에서 완장을 두르고 열심히 뛰어다니는 품사는 네 가지이다. 그 열혈 품사 네 가지는 바로 명사, 동사, 형용사, 부사이다.

명사와 대명사는 한 가족, 한 묶음으로 묶어도 대세에는 그게 차이가 없다. 순수 명사 이외에 명사에 준하고 명사에 상당하는 경우를 흔히 명사 상당어구라고 부른다. 전치사가 명사와 결합하여 형용사나 부사로 재탄생함도 설명하였다. 그리고 종속접속사가 절과 결합하여 태어나는 명사절, 형용사절, 부사절이 결국은 명사, 형용사, 부사로 기능함도 설명하였다.

감탄사는 용도가 제한적이어서 어엿하게 품사 완장을 둘러주기가 사실 아까울 정도이다. 기여도가 높으면서도 비정규직 품사 신세를 면치 못하고 있는 조동사들에게 차라리 정규직 품사의 자리를 제공하고, 감탄사를 비정규직으로 채용하는 것이 더 낫고, 또 현실에 부합되지 않나 싶다.

결론적으로, 하나의 문장 내에서 본질적인 속성만을 놓고 보면 실제적이고 최종적인 기능의 4대 품사는 결국 명사, 동사, 형용사, 부사 뿐이다. 나머지는 그 역할이 미미하거나 일련의 변환과정을 통하여 궁극적으로는 4대 품사로 옷을 바꿔 입는 결과가 된다.

문장 형태의 양대 산맥이 〈주어+ 동사 + 목적어〉와 〈주어 + 동사 + 보어〉이고, 〈주어, 목적어, 보어〉 자리에 명사가 옴을 고려할 때, 문장 내에서 굳이 핵심 2대 품사를 꼽으라면, 명사와 동사를 선택해야 할 것이다. 이는 모터 싸이클의 앞뒤 바퀴와 같은 양대 축에 비유할 수 있겠다.

오토바이가 홀로 설 수 없고, 〈주어 + 동사 + 보어〉 구조의 보어 자리에 형용사가 올 수 있음을 고려할 때, 문장의 3대 핵심 품사를 다시 추린다면 형용사까지 포함하여 〈명사, 동사, 형용사〉를 꼽아야 할 것이다. 이는 거대한 항공기가 앞뒤 세 바퀴에 의존하면서도 대업을 완수하는 것과 같은 이치라고 비유 설명하고 싶다.

아무래도 날쌘 동물이나 고성능 자동차가 네 다리 내지 네 바퀴를 가져야 균형과 안정감을 가질 수 있듯이 문장은 결국 〈명사, 동사, 형용사, 부사〉라는 네 바퀴가 굳건히 버텨줘야 제 몫을 톡톡히 해낸다고 할 수 있다. 이들이 결국 문장 재료의 4총사인 것이다.

양적인 면에서도 현실적으로 4총사 품사가 절대다수인 것은 맞다. 전치사 60~70개 정도, 접속사 10~20개, 인기 감탄사 10개 내외 등으로 100여 개에 머무는 이들 품사와 전체 단어의 99.99%를 차지하는 4총사 품사는 여러 가지 면에서 격이 다르다고 할 수 있다.

또 다른 닭과 달걀 이야기

영어 학습을 두고 흔히 갖는 오해 중 하나가 학습과 실습의 우선순위 문제이다. 사람들은 일반적으로 비즈니스 실무나 해외여행 회화에서 제대로 사용하기 위하여 영어를 학습한다고 생각한다. 이 경우 대부분의 사람들은 학원이나 자습을 통하여 영어를 완전히 익혀야 하고, 그런 다음에나 제대로 영어를 잘 구사할 수 있고, 그 후에나 업무 내지 실용적으로 사용하겠다고 생각한다. 그리하여 그렇게 될 날을 고대하면서 어제도 오늘도 내일도 학원 문을 열심히 기웃거린다. 그런데 이러한 접근 방법은 옳지 않다.

영어는 학습을 통하여 완성되는 것이 아니다. 단순하고 기본적인 어법 지식을 익혔다면, 이제부터는 학습이 중요한 것이 아니라 실습이 중요하다. 이메일을 쓰고 읽고, 상담전화를 걸고 받고 하면서 그런 실습 경험이 쌓여야 영어가 완전해진다. 그러니 학습을 통하여 영어가 완전해지면 그때 영어의 주인공이 되어 영어 사용자, 구사자가 될 거라는 망상은 버리자. 영어실력은 실제 사용을 통하여서만, 즉 실습을 통하여서만 온전해지고 완전해질 수 있다.

본서의 내용을 숙지했다면, 이제부터는 오직 실습을 위하여서만 매진해야 할 것이다. 그리고 영어 실습의 최고 방도는 뭐니 뭐니 해도 원서 독서가 최고이다. 장담할 수 있다. 그렇게 하여 문장구조가 익숙해지면 이메일을 읽고 쓰고, 몇 마디씩 상담도 하고, 또 전화도 걸고 받고 하면 당신도 어엿한 영어의 주인이 되는 것이다.

제12절 │ 문장을 구성하는 부품들

각각의 품사가 문장을 만드는 기본 재료라면, 이러한 재료를 가지고 완성한 부품이 주어, 술어, 목적어, 보어, 수식어이고, 이러한 부품을 통하여 문장이 완성된다고 하였다. 앞의 여러 절들이 재료의 성격을 서술한 것이라면, 이번 절은 그러한 재료로 만든 부품들의 성격을 알아보는 장이다.

제1항 주어 Subject

문장에서 주어主語의 위치는 마치 연극이나 영화에서의 주인공과 같다고 할 수 있다. 이러한 주어를 영어로는 Subject, 강좌에서는 줄여서 S라고 많이 쓰는데, Subject의 Longman사전에서 가져온 사전적 정의는 다음과 같다.

A noun, noun phrase, pronoun that usually comes before a main verb and represents the person or thing that performs the action of the verb or about which something is stated. 통상 동사 앞에 와서 동사의 동작을 수행하거나 상사가 서술하는 사람이나 사물의 상태를 나타내는 명사 내지 명사 상당어구

여기서 중요한 포인트는 '명사 상당어구' 라는 말이다. 이는 말 그대로 '명사에 상당하는 어구' 라는 뜻인데, 명사로 쓰일 수 있는 모든 것이 이에 해당한다. 다시 말해, 명사로 활용될 수 있는 것은 모

두 포함된다는 말이다. 순수한 명사는 물론, 명사를 대신하는 대명사, 명사적 용법의 부정사, 동명사, 명사절 등을 망라하여 모두 주어가 될 수 있다. 여기서 말하는 주어는 주절에서의 주어만이 아니다. 종속절 어디에서도 서술어 동사의 주체가 되면 모두 주어가 된다. 주어의 자리에 올 수 있는 어구들을 예문으로 약술하면 아래와 같다.

1. Eugene is a businessman. – 명사
   유진은 사업가이다.

2. He is busy. – 대명사
   그는 바쁘다.

3. To become a businessman is not easy. – 부정사
   사업가가 되는 것은 쉽지 않다.

4. Becoming a businessman is difficult. – 동명사
   사업가가 되는 것은 어렵다.

5. What I know is true. 명사절
   내가 아는 것은 사실이다.

제2항 술어 Verb

술어는 서술어를 줄인 말이라 할 수 있다. 말 그대로, 주어가 하는 동작이나 상태를 서술하는 말이다. 본 장 '제4절 동사' 부분에서 해설하였듯이, 동사를 정확하게 표현하자면 동상사 動狀詞가 맞는다고 하였다. 〈주어 + 동사 + 목적어〉 문장 구조는 주어의 동작을 서술하고, 〈주어 + 상사 + 보어〉는 주어의 상태를 서술한다는 의

미에서 동사와 상사를 구별하면 영어 문장 구성의 이해에 많은 도움이 된다. 동사를 나타내는 단어는 Verb로서, 줄여서 V라고 쓴다. Longman에서 가져온 동사verb의 사전적 정의는 다음과 같다.

A word or group of words that is used in describing an action or state.
(주어의) 동작이나 상태를 나타낼 때 사용되는 단어 내지 단어군

여기서 동작 action을 나타내는 경우가 주어 다음에 일반동사가 와서 주인공의 동작을 묘사하는 〈주어 + 일반동사 + 목적어〉구문의 형태이고, 상태 state를 나타내는 경우가 주어 다음에 be동사가 와서 주인공의 상태를 서술하는 〈주어 + be동사 + 보어〉구문의 형태이다.

제3항 목적어 Object

주어가 그렇듯, 목적어라는 단어도 스스로 풍기는 뉘앙스가 목적어의 역할을 잘 말해주고 있다. 주어가 어떤 동작을 할 때, 그러한 동작의 목적물, 대상, 객체가 바로 목적어이다. 목적어를 나타내는 단어는 Object로서 줄여서 O로 쓴다. American Heritage에서 가져온 목적어object의 사전적 정의는 다음과 같다.

1. A noun or substantive that receives or is affected by the action of a verb within a sentence

한 문장 안에서 동사의 동작을 받거나 당하는 대상이 되는
명사 및 상당어구

2. A noun or substantive following and governed by
   a preposition
   전치사의 뒤를 따르면서 전치사의 지배를 받는 명사 및 상당어구

두 번째 정의에서 보듯이, 목적어는 동사 뿐만 아니라 전치사에
게도 목적어가 될 수 있다. 동사가 꾸미는 동작의 목적어 뿐만 아니
라 전치사가 도모하는 상황의 목적어로도 활용된다는 것이다. 이 말
은 동사가 동작을 취할 때 전형적으로 목적어를 동반하지만, 전치사
라는 친구도 목적어를 가지면서 전치사 본연의 역할을 수행한다는
의미이다. 전치사의 뒤에는 순수 명사만 올 것 같으나, 동명사와 같
은 변형 명사, 다시 말해 명사 상당어구도 올 수 있으므로, 위에서 명
사 및 상당어구로 정의되고 있다. 전치사의 목적어의 경우는 차치하
고, 일반 목적어로 올 수 있는 어구들을 아래에 예문으로 정리한다.

1. Eugene writes a letter. − 명사
   유진은 편지를 쓴다.
2. I love you! − 대명사
   난 널 사랑해!
3. Do you want to get well? − 부정사
   네가 낫기를 원하느냐?
4. I taught him becoming a businessman. − 동명사

나는 그에게 사업가가 되는 것을 가르쳤다.

5. Please tell me what you want. – 명사절

네가 원하는 것을 내게 말해줘.

제4항 보어 Complement

보약은 몸이 뭔가 불완전할 때 먹는다. 보어는 문장이 완전해지도록 하는 요소라고 할 수 있다. 방송 등의 강좌에서는 줄여서 C로 쓰기도 한다. 주어의 상태를 나타내는 문장 성분 다시 말해, 문장의 부품이 보어이다. Longman 사전에서 가져온 보어complement의 정의는 다음과 같다.

A word or phrase (especially a noun or adjective)
that follows a verb and describes the subject of the verb.
상사를 뒤따르며, 상사의 주어를 묘사하는 (특히 명사 내지
형용사로 된) 단어 내지 구

여기서는 괄호 안의 품사를 눈 여겨 볼 필요가 있다. 〈주어 + 상사 + 보어〉의 문장 구조에서 보어 자리에 명사와 형용사가 모두 올수 있음에 유념해야 한다. 아래 예문을 보면 보어의 요소가 쉽게 이해될 것이다. 정의에도 나와 있듯이 보어는 명사와 형용사 모두가 될 수 있다.

1. Eugene is a businessman. - 명사

   유진은 사업가이다.

2. His mission is to improve the quality. - 부정사

   그의 임무는 품질을 개선하는 것이다.

3. His hobby is drawing pictures. - 동명사

   그의 취미는 그림 그리기이다.

4. What I know is that Eugene is gentle. - 명사절

   내가 알고 있는 것은 유진이 신사적이라는 것이다.

5. He is busy. - 서술적 형용사

   그는 바쁘다.

6. He is playing the piano. - 진행형, 분사 형용사

   그는 피아노를 연주하고 있다.

7. The piano is played by Eugene. - 수동태, 분사 형용사

   피아노는 유진에 의해 연주된다.

8. He has played the piano since 1980. 완료, 분사 형용사

   그는 1980년 이래 피아노를 연주해 오고 있다.

제5항 수식어 Modifier

수식어는 말하자면 장식 내지 수식을 하는데 쓰이는 어구語句들이다. 형용사, 부사 및 이에 상당하는 어구 내지 구절들이 여기에 속한다. 순수한 형용사, 부사는 물론이거니와 부정사의 형용사적, 부사적 용법, 분사, 분사구문과 함께, '전치사 + 명사' 구 형태가 형용사 및 부사로 기능하는 경우, 그리고 형용사절 및 부사절도 수식

어의 중요한 요소들이다. American Heritage에서 가져온 수식어 Modifier에 대한 정의를 보면 다음과 같다.

A word, phrase, or clause that limits or qualifies the sense
of another word or word group
어떤 단어 또는 단어군에 대한 어감을 한정하고 설정하는
단어나 구 또는 절

주어, 술어, 목적어, 보어가 문장이 완성되는데 있어서 가장 기본적인 요소라고 한다면, 다양한 수식어는 어감과 의미를 풍부하게 하는 요리에서의 조미료와도 같은 재료들이다. 조미료 없이 원재료들만 먹을 수도 있지만, 조미료가 요리의 감칠맛과 풍미를 흘러 넘치게 하듯, 문장 안에서도 수식어의 역할은 정말 엄청나다 할 수 있다.

〈표 8〉 문장성분과 품사 매트릭스

	주어	술어	목적어	보어	수식어
명사	O		O	O	
대명사	O		O	O	
동사		O			
형용사				O	O
부사					O
전치사구				O	O
접속사절	O		O	O	O
감탄사	독립어구				

이상에서 설명한 문장 성분 즉 문장을 구성하는 부품들과 그 부품의 재료들을 마치 씨줄과 날줄처럼 매트릭스를 구성하여 보면 위의 표와 같다. 물론 전치사, 접속사는 구와 절이라는 결합을 통하여 새로 탄생하는 품사 성분을 기준으로 삼았다.

콜럼버스의 달걀

본래 세우기가 불가능한 달걀을 콜럼버스는 깨트려 세워 해답에 접근했다고 한다. 영어를 한 시간 안에 익히는 것도 다들 불가능하다며 손사래를 친다. 이러한 사람들을 수없이 겪으며 느끼는 점은 켜켜이 쌓여 있는 부정적 사고방식이다.

이들은 차라리 불가능하기를 바라고, 그랬으면 더 좋겠다고 주문을 외우는 사람들 같다. 길을 제시해도 목표에 도달할 수 없을 거라며, 나아가기를 거부하는 사람들처럼 말이다.

우리의 영어학습 현장은 그렇게 길도 모르는 안내자와 길을 아는 지도자의 코칭을 거부하는 사람들로 뒤엉켜 아수라장이 된지 오래다.

바로
가능
영어

Hamburger
English

3

영어 지휘관은
하사, 중사, 상사 말고
동사라는 병사를
잘 다스릴 줄 알아야

영어를 구성하는 수많은 단어들 중에서 쓰임새가 가장 높은 품사는 단연코 동사이다. 그런데 동사는 주어 다음에 단 한번 밖에 올 수가 없다. 이러한 사용상의 한계를 극복하고 또 효용을 높일 수 있는 획기적인 방법이 고안되었는데, 그것이 바로 부정사, 동명사, 분사, 분사구문 용법이다.

동사는 문장의 척추다.

영어 문장에서 동사가 차지하는 비중은 인체에서의 척추와 같다. 동사를 중심으로 주어라는 머리와 목적어/보어라는 팔/다리로 문장이 완성된다. 이 정도면 영어 문장에서 동사가 갖는 역할과 비중에 대한 이해가 가능할 것이다. 이의 연장선상에서 동사는 주된 문장, 즉 주절의 중심으로서의 주인 동사 역할 뿐만 아니라 종속되는 문장, 즉 종속절에서도 종된 동사의 역할을 효율적으로 수행한다. 아울러, 동사가 변신하여 명사, 형용사, 부사라는 다양한 역할을 수행하는 부정사, 동명사, 분사, 분사구문에서도 간소화된 뼈대로서의 역할을 여전히 잘, 그리고 요긴하게, 그리고 중요하게 수행한다.

단군신화에는 곰이 등장하는데, 마늘과 쑥만 먹으면서 100일인가를 버티다 여인이 되어 환웅과 결혼하고는 낳은 자식이 단군이란다. 그런데 그 곰이 먹고 버틴 식재료에 강한 의문이 든다. 마늘과 쑥이 아니라 아무래도 마늘과 소금일 듯 싶다. 생명체를 유지하는데 쑥은 없어도 되지만, 소금은 없어서는 안될 재료이어서도 그렇다.

본서에서도 소금은 명사, 마늘은 동사에 비유하고 있다. 소금과 마늘이 있으면 어떤 요리라도 기본적으로 조리가 가능하듯, 명사와 동사만 있으면 일단 문장의 구성은 가능하다.

제1절 | 부정사와 명사, 형용사, 부사

부정사는 이를 나타내는 영어 infinitive를 그대로 옮겨놓은 용어로, 한자로는 不定詞라고 쓴다. 안(不, in~) 정해진(定, finite) 말(詞)이라는 뜻이다. 그러면 무엇이 정해져 있지 않다는 것인가? 품사가 정해져 있지 않다는 말이다. 그저 필요에 따라, 때로는 명사로, 때로는 형용사로, 또 때로는 부사로 자가 변신하여 쓰인다. 부정사는 ⟨to + 동사원형⟩의 형태로 만든다. 동사를 가지고 만들었고, 동상사의 버릇은 가지고 있다. 그러기에 명사, 형용사, 부사로 사용되지만, 기질적으로는 여전히 동상사여서 의미상의 주어나 목적어, 보어 성분을 동반할 수 있다.

제1항 명사적 용법의 부정사

부정사의 명사적 용법이란 ⟨to + 동사원형⟩이 명사로 쓰여 주어, 목적어, 보어의 기능을 하는 것을 말한다. 그러면서도 의미상의 목적어, 보어를 동반할 수 있고, 의미상의 주어를 가질 수도 있다. 아래 두 번째, 세 번째 예문 속의 me는 후속되는 부정사의 의미상의 주어이다. 그리고 예문의 거의 모든 경우에서처럼, 부정사는 바로 뒤에 의미상의 목적어나 보어를 동반하고 있다. 1형식의 완전자동사 문형이 아니라면, 동사는 목적어를, 상사는 보어를 달고 다니는 것이 당연하기 때문이다.

To give up enthusiasm wrinkles the soul.

열정을 포기하는 것은 영혼을 주름살지게 한다.

How can you force me to marry someone I don't love?

어떻게 제게 사랑하지도 않는 사람과 결혼하라고 강요하실 수 있죠?

My father is trying to force me to get married.

아빠는 제가 결혼하도록 강요하려 하고 있습니다..

She began to write a story to please herself,

without thinking of publishing it.

그녀는 출판하겠다는 생각은 없이,

자신이 즐거워할 만한 이야기를 쓰기 시작했다.

Would you ask him to call me back?

그분한테 저에게 전화하라고 요청하여 주시겠습니까?

In case I am late, don't wait to start dinner.

내가 늦을 경우, 기다리지 말고 식사해.

In view of the circumstances, it seems best to wait

until tomorrow.

상황을 고려해볼 때, 내일까지 기다리는 것이 최선인 것 같다.

I am calling to make sure that you remember to come.
네가 오는 것을 잊지 않도록 확인시키기 위해 전화했다.

It pains me to have to leave, but I must.
떠나야 한다는 것이 나에게는 고통이겠지만, 난 그렇게 해야 한다.

They refused to take part in any of the activities
of the community.
그들은 그 단체의 활동의 어느 부분에도 참여하는 것을 거절했다.

Our mission is to improve continually our products and
services.
우리의 사명은 우리의 제품과 서비스를 지속적으로 향상시키는
것이다.

제2항 형용사적 용법의 부정사

부정사의 형용사적 용법이란 〈to + 동사원형〉이 형용사로 쓰이
는 것으로서, 명사를 수식하는 역할을 한다. 한 단어짜리로 된 순수
형용사가 명사를 앞에서 수식하는 형태는 영문에서 그다지 비중이
높지 않다. 또한 형용사적 부정사도 동상사 출신이고, 동상사의 속
성이라 할 수 있는 의미상의 목적어, 보어 동반으로 인해 길이가 길
어진다. 이럴 경우 명사를 앞에서 수식하자면 의미상의 혼란을 초래
할 수 있으므로, 이를 방지하기 위하여 명사를 뒤에서 수식하는 형

태를 취하게 된다. 이는 예를 들어보면 분명해진다. 'something to eat' 과 'to eat something' 은 완전히 다르다. 앞의 것은 to eat이 something을 수식하는 형용사적 부정사가 된다. 하지만 뒤의 것은 something이 단순히 to eat의 목적어인 명사일 뿐이게 된다.

She began to write a story to please herself,
without thinking of publishing it.
그녀는 출판하겠다는 생각은 없이,
자신이 즐거워할 만한 이야기를 쓰기 시작했다.

South Korea has the right to stage 32 matches.
한국은 32게임을 유치할 권한을 가지고 있다.

Try to resist the temptation to reply to a rude letter
in the same tone.
무례한 편지에 대하여 같은 분위기로 응대하려는 유혹에서
벗어나도록 노력하십시오.

Every player is under an obligation to keep rules.
모든 선수들은 규칙을 준수할 의무가 있다.

There was not a chair to sit upon.
앉을 의자가 하나도 없었다.

15 American Internet service companies agreed to make
a system to prevent children and young people
from having access to violence and lewdness.
미국 내 15개 인터넷 서비스 회사들은 청소년들이 폭력과
음란물에 접근하는 것을 막을 수 있는 시스템을 만드는 것에
동의했다.

I want something to cheer me up.
기분 전환할 만한 것이 있었으면 좋겠다.

There was nothing to do, so we played computer games.
우리는 할 일이 없어서 컴퓨터 게임을 했다.

I need a spoon to eat this ice-cream with.
이 아이스크림을 떠먹을 숟가락이 필요하다.

제3항 부사적 용법의 부정사

부정사의 부사적 용법이란 'to + 동사 원형'이 부사로 쓰이는 것
으로서, 부사의 일반적 역할인 동사를 수식하거나, 독립적인 부사로
기능하는 일을 한다. 순수 부사가 아닌 경우, 형용사나 다른 부사를
수식하는 경우는 별로 없다. 차례로 예문들을 익혀나가다 보면, 부
사가 하는 역할이 무엇인지 자연스럽게 감이 올 것이다.

I worked hard to be friendly toward them and
to treat them right.
나는 그들에게 친근해지고, 그들을 올바로 대하려고 열심히
노력했다.

I am sorry to have to point out that we do not have
these goods in stock at the present moment in time.
현재로서는 적시에 이 상품들에 대한 재고를 유지할 수 없음을
적시함에 대하여 유감스럽게 생각합니다.

Would you tell him that I came by to see him?
내가 그를 만나러 왔었다고 그에게 전해주실래요?

Doctors and nurses work hand in hand to save lives.
의사와 간호사들은 생명을 구하기 위하여 손잡고 일한다.

I'm calling to make sure that you remember to come.
네가 오는 것을 잊지 않도록 확인시키기 위해 전화했다.

Our representatives met with several heads of state
to discuss the price of oil.
우리 대표단은 석유가격에 대해 협의하기 위하여 국가의 여러
핵심인사를 만났다.

I will be there to comfort you.
내가 널 위로하기 위해 함께 해 주겠다.

You must be out of your mind to say such a ridiculous thing.
그렇게 유치한 일을 말하다니, 너는 정신 나간 것이 틀림없다.

Take care not to drop the glass.
유리는 떨어뜨리지 않도록 조심해라.

He went on before to see if the road was safe.
그는 길이 안전한 지를 알아보려고 앞서 갔다.

We thought they had come to repair the phone, but in reality they were burglars.
우리는 그들이 전화를 고치러 왔다고 생각했는데, 사실은 강도들이었다.

I used to cry myself to sleep at night.
나는 한밤중에 잠들려 하면서 혼자 울곤 했다.

To make matters worse, it began to rain.
설상가상으로 비가 오기 시작했다.

To tell the truth, I am not a rich businessman.
사실을 말하자면, 나는 넉넉한 사업가가 아니다.

제4항 원형부정사

원형부정사란 make, let, have 등의 사역동사 및 watch, see, hear, feel 등의 지각동사 뒤에 부정사가 올 경우 'to' 없이 동사의 원형만으로 부정사 역할을 하는 것을 말한다. 명사적, 형용사적, 부사적 용법의 부정사 외에 별도로 원형 부정사라는 용법이 있는 것은 아니다.

그런데 여기서 보다 근본적인 의문을 가져보자. 원형부정사도 부정사라면 명사, 형용사, 부사 중 어떤 용도의 품사로 쓰이는 걸까? 이러한 형식의 문형은 일상적으로 얘기하는 문장의 5형식 중 3형식도, 4형식도 아닌 관계로 5형식 즉 〈주어 + 동사 + 목적어 + 목적격보어〉의 제5형식에 가장 근접한다고 볼 수 있어 원형부정사는 형용사적으로 쓰인 목적격 보어로 보는 것이 가장 근사할 것 같다.

Her father will not let her go to the party.
그녀의 아버지는 그녀가 파티에 가는 것을 허락하지 않을 것이다.

She has a way of making everyone feel at home.
그녀는 누구나 편히 느끼게 만들 줄 안다.

I had him mend my watch.

나는 그가 내 시계를 수선하도록 시켰다.

Every day I watch people suffer from lung cancer.

매일 나는 사람들이 폐암으로 고통 받는 것을 본다.

I saw some of people die.

나는 사람들 몇몇이 죽는 것을 보았다.

I heard the bird sing cheerfully.

나는 새가 즐겁게 노래 부르는 소리를 들었다.

여기서 또 한가지 근본적인 의문을 가져보자. 사역동사, 지각동사 스타일의 부정사는 왜 to가 없이, 소위 원형부정사의 모습을 띨까? 일반적인 부정사가 동사를 명사, 형용사, 부사로 쓰기 위해 본동사와는 다른 모습으로 차별화시키기 위한 것이라면 원형부정사는 오히려 동사의 모습을 더 부각시키기 위한 것으로 볼 수 있다. 원형부정사는 목적어가 명확하게 의미상의 주어가 되고, 원형부정사가 명확하게 동사로 기능한다. 다만, 한 문장 내에서 본동사일 수는 없으므로 편법적 동사로 기능하게 한 경우라 할 수 있다. 이와 유사하게 동사이면서 동시에 형용사로 기능하는 것을 진행형, 수동태, 완료의 경우에서 볼 수 있다.

그렇다고 지각동사가 온 다음에 항상 원형 부정사만 오는 것은 아니다. 다음 예문에서 보듯이, 분사가 목적격 보어로서 형용사가 되어 오기도 한다.

Jesus turned, saw them following him, and asked.
예수가 뒤돌아 그들이 자신을 따르는 것을 보고 물었다.

심지어는 한 문장 안에서 사역 주동사에 원형부정사와 분사가
함께 나타나기도 한다.

You will see heaven open and God's angels going up and
coming down on the Son of Man.
여러분들은 천국이 열리고 신의 천사들이 사람의 아들에게
오르내리는 것을 볼 것입니다.

부정사에 to가 붙기도 하고 생략되기도 하는 help라는 동사는 그
런 면에서 일반 부정사와 원형부정사를 이끄는 데 있어 중간지대에
있는 동사라 보면 어떨까 싶다.

그런데 영문을 대하다 보면, 사역동사나 지각동사에 의한 경우
가 아니면서도 원형부정사가 쓰이는 사례를 종종 경험하게 된다. 이
런 경우도 있구나 하는 정도로 알아두면 좋겠다.

For this reason, the first thing you do in a sales interview
is create a bond, make a friend.
이와 같은 이유로, 영업상담에서 당신이 해야 할 첫 번째 일은

인연을 맺고 친근감을 형성하는 것이다.

If your goal is to be in the top 10 percent of salespeople in your field, the second thing you do is find out who is already in the top 10 percent.
당신의 목표가 자신이 속한 분야에서 상위 10%의 영업사원에 들어가는 것이라면, 해야 할 두 번째 일은 누가 이미 상위 10%에 들어있는지를 발견하는 것이다.

제5항 특수 부정사

동사 help는 조금 특이한 경우라서 뒤에 부정사가 올 경우 to 부정사가 올 수도 있고, 원형부정사가 올 수도 있다.

That will not help (to) solve the problem.
그것은 문제를 해결하는데 도움이 안될 것이다.

부정사 용법의 고급 기술을 다음 예문에서 발견할 수 있을 것이다. 부정사가 명사적 용법으로 쓰인 가운데 다시 명사적 부정사를 목적어로 동반하는 것과 같은 경우 말이다. 이는 말하자면 어른이 학생을 등에 업었는데, 그 학생이 다시 아이를 등에 업은 경우라고나 해야 할까!

Your mission is to decide to join the 20 percent,
and then to learn how to get there.
당신의 임무는 20%내에 들어가겠다는 결심을 하는 것이고,
그런 다음 거기에 어떻게 들어가는지를 배우는 것이다.

동사의 변신을 찬양하라

동사를 변신시켜 부정사, 동명사, 분사, 분사구문으로 바꿔 쓰는 이유는 무엇일까? 동사를 다른 품사, 다시 말해 다른 용도로 쓰기 위한 것이다. 동사를 명사, 형용사, 부사라는 다른 품사, 다른 용도, 다른 표현기술 차원으로 변화시킬 수 있다는 말이다.

그렇다면 이렇게 변신시키는 목적은 무엇일까? 의사표현의 효율을 고도화하기 위함이다. 리어카로도 짐을 나를 수 있지만 트럭으로 운송효율을 고도화하듯, 단편적인 의사전달만 아니라 복잡한 개념을 정교하게 전달할 필요성이 이러한 변신을 조장한다.

동사변신의 모습은 어떤 결과로 나타날까? 문장 단위의 절 덩어리가 구 단위로 축약되어 전체 문장이 그만큼 간결해지게 된다. 여기에는 특별히 주목할 점이 있다. 애초에 동사가 출현했다는 것은 그 크기가 하나의 문장 규모였다는 말이다. 이를 구 정도로 축약했으니 결국 효율이 그만큼 고도화되었다는 말이기도 하다.

동사변신의 강점, 장점은 무엇일까? 절보다 덩치는 줄였지만, 의미상의 주어, 목적어, 보어는 동반할 수 있어 핵심기능에서의 손실이나 약화는 전혀 없다는 점이다. 할 건 다 하면서 몸짓만 줄인 것이 동사변신의 강점이자 필요성이다.

마지막으로, 동사변신의 의의는 무엇일까? 변신동사의 활용이야말로 영어고수로 가는 지름길이자, 핵심기술이며, 필수 코스라는 점이다. 동사변신 기술을 구사할 줄 모르면서 영어 잘할 생각을 한다면, 이는 참으로 갑갑하고 한심한 노릇이 될 것이다.

제2절 │ 동명사와 명사

동명사는 한자로 動名詞라고 쓴다. 동사이지만 명사로 쓴다는 뜻이다. 동명사는 〈동사원형+ing〉 형태로 만든다. 동명사란 달리 말하면, 동사를 가지고 만들었지만, 동사의 버릇을 버리지 못한 명사이다. 따라서 기능상의 역할은 명사이지만, 기질적으로는 여전히 동사의 속성을 가지고 있어서 의미상의 주어나 목적어 내지 보어 성분을 동반할 수 있다. 이러한 특징은 부정사 및 분사, 분사구문에서도 나타난다. 동명사는 주어, 목적어, 보어 등의 자리에 와서 명사로 쓰인다.

동명사와 부정사의 명사적 용법은 서로 어느 정도 호환성이 있다. 아래 예문을 보자. 이 두 용법 상호간에는 어느 정도 대체가 가능하다.

Seeing is believing. 보는 것이 믿는 것이다.
To see is to believe. 보는 것이 믿는 것이다.

그런데, 부정사는 명사, 형용사, 부사로의 변신이 모두 가능하고, 동명사는 명사로 밖에 변용할 수 없으니, 동명사는 별 것 아니지 않나 하는 생각이 들 것이다. 하지만 절대 그렇지 않다. 동명사는 절대로 부정사 용법에 뒤지는 그런 어법 기술이 아니다. 왜냐하면 동명사는 전치사와 결합하여 변신할 수 있는 또 다른 기술이 있기 때문이다. 전치사를 앞세워 '전치사 + (동)명사' 의 전명구 결합을 하면, 동명사도 무한정으로 형용사와 부사를 양산할 수 있다. 더구나 부정사는 동사의 원형이 가지는 기능의 한도 내에서만 활용되지만, '전치사 + 동명사'는 전치사 자체로 폭넓은 기능을 발휘할 수 있어, 이런 전명구 결합이 가질 수 있는 시너지 Synergy효과는 상상을 초월한다. 그러니 이제 동명사를 있으나마나 한 곁다리 어법 기술로 바라보지 말자. 이어지는 예문들에서 동명사의 현주소와 활용성의 막강함을 확인할 수 있을 것이다.

Being different means differentiating yourself in the mind of your prospect.
다르게 된다는 것은 가망고객의 마음속에서 자신이 차별화 되도록 한다는 것을 의미한다.

And, also be sure to thank Maria for cooking that wonderful meal and for making us feel so welcome.
그리고, 또한 맛있는 음식과 환대에 대하여 마리아에게 감사하고 있음도 전해 주십시오.

예문에서 cooking이나 making은 전치사 for의 목적어로서 명사의 역할을 하지만, 동사적 기능은 남아 있어 이하에 목적어를 수반한다. 형식은 동명사이지만, 결국에는 '전치사 + 명사' 형태로 부사로 쓰이고 있는 상황이다.

His rescuing the child was a brave action.
그가 어린이를 구한 것은 용감한 행동이었다.

위 예문도 의미상의 주어와 목적어를 잘 드러내주고 있다.

Pocahontas loved running through the forest and
diving off the cliffs into the pools below.
포카혼타스는 숲 속을 가로질러 달리고, 절벽 아래 연못으로
다이빙하는 것을 좋아했다.

She began to write a story to please herself,
without thinking of publishing it.
그녀는 출판하겠다는 생각은 없이,
자신이 즐거워할 만한 이야기를 쓰기 시작했다.

Are you thinking of leaving Glenn for Robbie?
넌 Robbie에게 가려고 Glenn을 떠날 생각을 하는 거니?

In addition to giving a general introduction to computers,
the course also provides practical experience.
컴퓨터에 대한 일반적인 소개를 드리는 데에 덧붙여,
본 과정은 또한 실습 경험도 제공합니다.

I am looking forward to receiving your reply as soon
as possible.
가능한 한 빨리 회신을 받을 수 있기는 고대합니다.

They made sure of winning by scoring two goals in the last five minutes.

그들은 마지막 5분의 2득점으로 승리를 확실히 했다.

I take pleasure in sending you a copy.

기꺼이 당신께 한 부를 보내드리겠습니다.

They are in danger of dying out.

그것들은 멸종의 위기에 처해 있다.

They saved their money with a view to being able to buy a house someday.

그들은 언젠가 집을 살 수 있으리라는 희망으로 돈을 저축했다.

They built refuges in the mountains for the purpose of encouraging mountaineering.

그들은 등산을 장려하기 위하여 산에다 대피소를 지었다.

She went to America for the purpose of studying music.

그녀는 음악을 공부할 목적으로 미국에 갔다.

이제까지는 주어진 학습 목표의 달성을 위해 다소 쉽고 평이한 예문을 주로 제시하였다. 이제 제법 고급스런 풍미를 풍기는 예문들을 감상해보자. 다음 장에서 배울 〈전치사 + 명사〉가 부사가 되는 원리도 예비학습 차원에서 미리 즐기고 넘어갈 수 있었으면 좋겠다.

In a recent study, it was discovered that 48 percent
of all sales calls end without the salesperson trying
to close even once.
최근의 연구에서, 전체 영업상담의 48%가 영업사원의 단 한번의
완결 시도도 없이 끝난 것이 밝혀졌다.

밑줄 친 부분에서 trying은 동명사이고, the salesperson은 의
미상의 주어이며, to close는 동명사 trying의 의미상의 목적어가
되는 명사적 용법의 부정사이다. 여기서 without과 trying은 〈전치
사+명사〉로서 부사 역할을 한다.

Instead of this big goal motivating me, it actually served
as a demotivator.
이렇게 커다란 목표는 나 자신을 동기부여시키는 대신에,
실제로는 동기억제장치로 작용했다.

밑줄 친 부분에서 this big goal이 동명사 motivating의 의미상
의 주어, me가 목적어로 작용하며, 구전치사 instead of와 동명사
motivating은 〈전치사 + 명사〉 결합으로 부사 역할을 하고 있다.

By becoming excellent in sales, you can accomplish
any financial goal you set for yourself.

영업에서 뛰어나게 됨으로써, 당신은 스스로 설정한 어떠한
금전적 목표도 달성할 수 있다.

밑줄 친 부분에서 becoming은 마치 be 동사와 같은 문법적 기
능을 하는 상사가 되며 excellent는 주격 보어 형용사가 된다. by
becoming은 〈전치사 + 명사〉의 형태로 부사적으로 쓰이고 있다.

동명사와 명사의 경계

주어나 목적어, 보어 자리에 명사나 동명사 모두 올 수 있기에 동명
사도 일종의 명사임에는 틀림없다. 그렇다 해도 완전한 명사와 그냥 동
명사와의 사이에는 어느 정도 경계선이 있을 것이다. 그런 면에서 볼 때,
의미상의 주어나, 목적어, 보어를 달고 있으면서 주어나, 목적어, 보어 자
리에 구의 형태를 띠고 오면 동명사적 성격이 훨씬 많다고 볼 수 있다.
반대로 의미상의 주어나 목적어, 보어 성분이 완전히 퇴화되어 한 단어
짜리로만 된 동명사는 동명사의 모습보다 명사로 봐주는 것이 낫겠다.

제3절 | 분사와 형용사

　분사는 동사를 형용사적으로 사용할 수 있도록 해놓은 문법적인 장치이다. 분사에는 현재분사와 과거분사가 있다. 현재분사는 동사의 원형에 -ing를 붙여 만들고, 과거분사는 동사의 원형에 -ed를 붙여 만든다. 물론 불규칙변화를 하는 동사도 있다.

　이렇게 되면 품사는 동사에서 형용사로 바뀐다. 쓰임새가 동사에서 형용사로 바뀌어 쓰인다는 말이다. 분사는 의미나 역할에 있어 몇 가지 특징이 있는데, 현재분사는 주로 현재 시점의 능동적이고 진행적인 개념을 나타내는데 반하여, 과거분사는 과거 시점의 수동적이고 완료된 분위기를 나타내는 것이 일반적이다.

　후치형의 현재분사 또는 과거분사는 사람이냐 사물이냐에 따라 who is(was) 또는 which is(was)를 중심어와 분사 사이에 넣으면 의미 관계가 명확해지는 특성이 있다.

용불용설

본서를 통하여 누구나 쉽게 영어 구사 원리를 익힐 수는 있다. 하지만 문제는 지금부터이다. 배웠다고 누구나 능숙한 영어 구사의 주인공이 되는 것은 아니다. 거기에는 생물학적 원리 한가지가 적용되기 때문이다. 쓰면 발달하고, 안 쓰면 퇴화한다는 용불용설! 영어도 마찬가지이다. 꾸준히 쓰면 더 잘 하게 되고, 계속 안 쓰면 잘 쓸 수 없게 되는 것이 영어이다. 사람이나 영어나 기능적인 면에서 뭔가를 잘 하자면 훈련은 불가피하다. 갈고 또 닦는 것 – 그것이야말로 프로의 세계로 가는 필수코스이다.

제1항 현재분사

현재분사가 동사 원형에 -ing를 붙여 만든다는 점에서는 동명사와 같으나, 용도는 형용사와 명사로 완전히 다르다. 문맥의 흐름 속에서 쓰임새를 잘 살펴보면, 이 형태가 형용사로 쓰이고 있는지, 아니면 명사로 쓰였는지를 본능적으로 알 수 있다. 스스로 주체적으로 쓰이면 명사 역할을 하는 동명사이고, 어떤 주체를 형용사적으로 수식하고 있으면 형용사로 쓰인 분사이다. 어떤 사람이 남자인지 여자인지는 그 사람의 옷차림이나 하는 행동, 말투를 보면 곧바로 구분이 가는 것과 마찬가지 이치이다.

He took note of the poem hanging on the wall.

그는 벽에 걸려있는 시구를 적었다.

Look at that rising sun.

저 떠오르는 태양을 보아라.

Birds flying south in search of winter sun.

겨울 햇빛을 찾아 남쪽으로 날아가는 새들

We failed to take into consideration the large number
of tourists attending the exhibition.

우리는 전시회에 참가하는 많은 관광객을 고려에 넣어야 하는
점에 실패했다.

Anyone breaking the rules will be asked to leave
on the spot.

규칙을 어기는 사람은 누구나 즉시 추방당할 것이다.

제2항 과거분사

동사의 원형에 -ed가 붙거나, 불규칙 변화를 하여 만들어지는
과거분사는 형용사로서 기능하며, 수동 또는 완료의 분위기를 만들
어 낸다. 동사의 시제 현재, 과거, 과거분사가 규칙적으로 변화할 경
우, 과거나 과거분사나 모두 동사원형에 -ed가 붙는데, 초보자들은
이를 분간하지 못할 수가 있다. 이를 구별하는 방법은 역시 문맥 속

에서 살펴야 한다. 주어의 동작을 동사의 위치에서 과거 시제로 표현하고 있으면 동사의 과거이고, 어떤 명사를 형용사적으로 수식하고 있으면, 형용사로 쓰인 과거분사이다.

There was a Jewish leader named Nicodemus.
니고데모라고 불리는 유대 지도자가 있었다.

The action taken was in line with her decision.
취해진 조처는 그녀의 결정과 일치하는 것이었다.

제3항 분사의 잠재력

동명사가 전치사와 만나 더욱 커다란 폭발력을 갖듯이, 분사도 엄청난 진가가 발휘되는 부분이 따로 있다. 위의 제1, 2항에서 설명한 현재분사, 과거분사의 순수 분사들은 사실 영어 안에서의 위상이 그다지 대단하지 않다. 분사가 정말로 진가를 발휘하는 부분은 부록에서 설명하는 '동사의 변화'가 진행되는 상황에서 나타난다.

일반동사가 진행형, 수동태, 완료시제 표현이 되면 be 동사나 have 동사 부분이 실제적으로 상사로서의 본동사가 되고, 현재분사나 과거분사 부분은 주격보어 형용사로서 새롭게 문장의 주도권을 쥐게 된다. 마치 국방에 충실하던 군인이 전쟁이 발발하면 엄청난 권한을 갖고 역할을 과시하듯, 일반동사가 진행형, 수동태, 완료형으로 변화되면, 술어부의 분사 부분이 본동사로서의 능력도 가지면서, 동시에 분사화된 주격보어 형용사로서 문장의 실제적 주도권까지 함께 갖게 된다. 주어의 주격 보어로서 형용사 역할을 톡톡히 해냄과 동시에, 의미상의 목적어를 동반하는 등 동사로서의 역할도 충실히 해낸다는 말이다.

이것이야말로 분사가 가지는 엄청난 역량과 진정한 잠재력이다. 이러한 보어형 형용사를 전문용어로 서술형predicative 형용사라 하고, 전치 또는 후치로 명사를 수식하는 형용사를 한정형attributive 형용사라 부른다.

이렇게 본동사인 듯, 형용사인 듯 애매모호한 자세를 취하는 술어부의 분사는 마치 군대에서의 준위라는 계급과 유사한 점이 있다. 군에는 준위라는 독특한 계급이 있는데 하사, 중사, 상사로 이어지는 부사관의 제일 위쪽에, 그리고 대위, 중위, 소위로 이어지는 위관급 장교의 가장 아래쪽에 위치하는 것이 준위이다. 이러한 준위의 장점은 많다. 부사관으로서 취할 수 있는 특혜는 최상위 부사관으로서 다 취하면서, 또 위관급의 말단으로서 누릴 수 있는 장교의 혜택 또한 모두 누린다. 아울러, 부사관으로서의 불리한 점은 장교급이라면서 모두 피해가고, 장교로서의 나쁜 점은 또 부사관 명찰을 내보이며 회피한다. 술어부 분사는 이와 유사한 위상이라고 해도 과언이 아니다. 다만, 여기서 너무 깊이 들어가면 부록의 본편과 많이 중복되므로 본론은 해당 장에서 본격적으로 개진한다.

TIP #22

분사의 강력한 쓰임새

The final contract amount shall be precisely calculated, after the issue of the Certificate of Completion, by remeasurement based on the work actually executed against the prices and rates stipulated in the Bill of Quantities.

최종 계약금액은 완공증명서의 발행 후에, 물공량명세서에 명시된 금액 및 단가에 의거하여, 실제로 수행된 공사에 근거한 재검측에 따라 정확하게 계산되어야 한다.

위의 예문에서 보듯이, 분사 표현은 기술문서의 작성에서 엄청난 위력을 보여준다. 부득이하게 복잡한 기술적 상황의 서술에 있어서 분사가 감당해낼 수 있는 역할은 엄청 강력하다.

제4절 | 분사구문과 부사

분사와 분사구문은 다른 개념이다. 분사는 동사를 형용사로 만들어 쓰는 문법적 기술인데 반하여, 분사구문은 동사를 부사로 만들어 쓰는 테크닉이다. 용어는 비슷하지만, 용도는 형용사와 부사로 완전히 다르다. 분사의 모습을 한 부사구가 분사구문이다.

분사구문은 종속절의 〈종속접속사 + 주어 + 동사 + 〉 문장에서 접속사와 주어를 생략하고, 동사를 분사화시켜 만든다. 부사절이 부사구로 축약된 형태인 것이다. 다시 말해, 분사구문은 부사절을 부사구로 간략하게 만들어 부사로 기능하게 하는 기술이다.

If you turn left, you will find a post office.
→ Turning left, you will find a post office.
왼쪽으로 돌면, 너는 우체국을 발견할 것이다.

종속절과 주절의 주어가 같을 때에는 위와 같이 종속접속사와 주어를 모두 생략하지만, 서로 다를 때에는 의미상의 주어로 아래 예문과 같이 살려둔다. 이를 독립분사구문이라 부르기도 한다.

Because she is pretty, I love her very much.
→ She being pretty, I love her very much.
그녀가 예뻐서, 나는 그녀를 너무 많이 사랑한다.

They get up in the morning thinking
about their money problems.
그들은 돈 문제에 대한 걱정 속에 잠자리에서 일어난다.

바로 위와 같은 예문은 영어사용 현장에서 일반적으로 나타나는 용례이다. 이러한 형식의 분사구문을 자유자재로 동원할 수 있다면, 영어 구사의 자유도 또한 한층 높아지게 된다.

그런데 분사구문은 현재분사 형태만 있는 것은 아니다. 종속절이 수동태 형식이면 분사구문은 과거분사 형태가 된다. 역시 부사절이 부사구로 변형된 모습이다.

Since it is surrounded by the sea, Korea has a mild climate.
→ Surrounded by the sea, Korea has a mild climate.
바다에 둘러싸여 있어서, 한국은 온화한 기후를 가진다.

예문에서 보아 알겠지만, 분사구문은 형식이 분사와 똑같아서 모양새는 현재분사 또는 과거분사의 틀을 유지하지만, 단지 쓰임새가 부사라는 것이 가장 커다란 차이이다. 현재분사 스타일의 분사구문은 능동, 진행의 어감이고, 과거분사 스타일의 분사구문은 수동, 완료의 어감을 전달해준다는 점은 분사와 일맥상통해 있다.

Recorded throughout the ages in all its forms, the law can
be found in ancient writings through all the centuries.

예로부터 수많은 형태로 기록된 가운데, 이 법칙은 수십 세기에 걸쳐 수많은 고대 저술에서 발견할 수 있다.

If we speak honestly, the boss is out of his mind.
→ Honestly speaking, the boss is out of his mind.
정직하게 말하면, 상사는 제정신이 아니다.

위의 예문처럼 종속절의 주어가 we, you, they 등 막연히 일반적인 사람을 나타낼 때에는 종속절의 주어가 주절의 주어와 달라도 생략할 수 있다. 이와 같은 표현은 관용적으로 많이 쓰이고 있다. 이를 굳이 전문용어로 표현하자면, 무인칭 독립분사구문이라고 한다.

Generally speaking, Koreans are diligent.
일반적으로 말하면, 한국사람들은 부지런하다.

Considering the economic situation, I have to stop my business.
경제적인 여건을 고려할 때, 나는 사업을 접어야 한다.

가능하면 간결하게

간결성의 추구는 영문의 대전제라고 할 수 있다. 관계대대명사, 관계부사 등 관계사의 원리가 그렇고, 그로 인해 형성되는 복문, 혼성문이 그렇다. 분사구문의 가장 커다란 존재 이유도 부사절에서 불요불급한 요소들을 모두 생략하여 부사구 형태로 축약한다는 '간결의 원리'의 추구인 것이다.

대명사도 결국은 명사의 반복을 피하는 간결성의 추구라고 볼 수 있다. 이번 3장 전체에서 다룬 부정사, 동명사, 분사, 분사구문 등 동사 변신도 하나의 문장, 다시 말해, 절을 구로 간결화하는 테크닉인 것이다.

바로
가능
영어

Hamburger
English

4

4장

시멘트는 전치사, 모래는 명사, 학습자는 물 – 셋이 섞이면

전치사는 당당히 8품사 중 하나를 차지하고 있을 만큼 중요한 품사이다. 엄연히 품사 이름표를 달고 있으려니와, 필자는 실제적인 중요성에 있어서도 전체 품사 내에서 서열 3위 정도는 된다고 생각한다. 품사 서열 1위 – 명사, 2위 – 동사, 서열 3위 – 전치사! 전치사가 당당히 3위를 차지하는 이유는 무엇일까? 전치사는 수많은 형용사와 부사를 탄생시키는 여왕벌 같은 품사이기 때문이다. 중요한 일벌 단어인 형용사 및 부사를 무한정으로 양산하는 다산과 풍요의 여왕벌 같은 존재라는 말이다.

품사의 진면목

우리가 기존 고유 단어별로 분류한 품사의 규모는 실제 영어 현장에서 역할을 감당하고 있는 전체 품사의 양에 비하면 매우 미미한 존재이다. 우리가 영어를 구사할 때 정말로 필요한 명사, 형용사, 부사의 절대다수가 일련의 가공과정을 거쳐 새로 만들어진다.

다시 말해, 동사가 부정사라는 특별한 문법적 장치를 통하여 탄생하는 명사, 형용사, 부사가 품사적으로 중요하다는 말이다. 동사가 동명사라는 분장을 하고 재탄생한 품사인 명사가 중요하다. 동사가 분사라는 변이를 거쳐 태어난 품사인 형용사가 영어의 고급기술이다. 동사가 분사구문이라는 옷을 입고 부사로 변태하는 능력을 알아야 한다.

그리고 또 있다. 전치사가 명사와 합체하여 새롭게 형용사 또는 부사라는 품사로 탄생하는 과정이 고급 영어에 정말로 중요한 기술이다.

한 가지 더! '접속사 + 종속절'도 중요하다. 이러한 결합이 명사절, 형용사절, 부사절을 대량생산하기 때문이다. 그렇게 구나 절의 덩어리로 만들어진 명사, 형용사, 부사가 현업에서는 품사적으로 더 중요한 비중과 역할을 감당하고 있다.

제1절 | 전치사의 중요성

전치사의 중요성에 대하여 제대로 인식하는 사람은 그리 많지 않다. 전치사라는 이름의 의미만 제대로 알아도 전치사에 대한 이해의 폭이 훨씬 넓어질 수 있다. 전치사는 '앞(前)에 위치하는(置) 말(詞)'이라는 뜻인데, 이에 대하여 생각 자체를 안 해본 사람이 대부분일 것이다. 그렇다면 무엇의 앞에 위치한다는 말인가? 바로 명사 앞에 위치하는 말이라는 조어이다. 전치사를 가리키는 영어 preposition이 그대로 한자화하여 前(pre-) 置(position) 詞로 이름 지어졌기 때문에, 그 역할이나 중요성이 제대로 인식되지 못하는 것 같다.

영어 학습에 있어서 품사에 대한 이해는 매우 중요하다고 강조한 바 있다. 그런데 여기서 말하는 품사 중 사전에 수록되어 있는 단어, 출생 때부터의 품사만 중요한 것이 아니다. 새롭게 합성하여 탄생되는 품사가 중요하다. 신기술과 효용은 거기에 다 들어있기 때문이다.

기본적으로 전치사로 분류되는 각 전치사마다 고유한 임무가 있다. 전치사를 일종의 가이드로 보면, 가이드를 받는 대상을 위하여 전치사가 반드시 해야 하는 고유한 역할이 있다. 예를 들어, with는 가이드 받는 대상이 동반됨을 나타내고, for는 그 대상을 위함을 나타낸다. of는 대상에 의한 소유 상황을 설정해주고, after는 그 대상의 이후임을 특정한다. from은 대상이 출발점이 됨을 설정하고, to는 대상 쪽으로 상황이 진행됨을 알려준다. except는 그 대상이 제외됨을 나타낸다. at, on, in은 시간적, 공간적, 기타 상황의 크기를 적당히 마련한다.

그렇게 전치사라는 가이드와 그의 가이드를 받는 대상인 명사는 늘 같이 다니면서 함께 고유의 목적을 달성한다. 이 커플이 목적하는 바는 다름 아닌 형용사와 부사로 변신하는 것이다. 이 말은 형용사가 되어 명사를 묘사하거나, 부사가 되어 동사나 형용사, 다른 부사, 때로는 문장 전체를 수식하는 활동을 한다는 뜻이다.

TIP #25

보디 가드 내지 매니저

적당히 오래된 명화 〈보디 가드〉에서 케빈 코스트너Kevin Costner는 휘트니 휴스턴Whitney Houston의 보디 가드로 나온다. 가수 휘트니의 본업이 따로 있고, 보디 가드 케빈의 고유한 역할이 별도로 있듯이, 전치사는 보디 가드 케빈 같은 역할을 하고, 명사는 가수 휘트니 같은 본연의 역할을 한다고 보면 어떨까?

이러한 역할 분담을 오늘날로 옮겨보면 연예인과 매니저도 같은 경우라고 할 수 있다. 매니저가 전치사라면, 연예인은 명사라는 위치에서 각자 자신이 맡은 역할을 감당하게 된다.

정자와 난자가 만나 태아가 수정되면 별다른 이유 없이, 부지불식 간에 여자가 되거나 남자가 된다. 우리가 출산 전후에 생식기를 확인해야만 여자인지 남자인지 알 수 있듯이, 이 〈전치사 + 명사〉 커플이 낳은 결과물도 특별한 공식이나 이유 없이 형용사나 부사의 옷을 입는다. 그런데 생식기를 보지 않아도 입은 옷을 보면 남녀를 구분할 수 있듯이, 이 쌍쌍 커플이 하는 행동을 보면 어느 품사로서의 동작을 하는지 그 내용을 알 수 있다.

TIP #26

태양의 후예 vs. 영어의 후예

송송 커플과 구원 커플이 아름다운 연기를 펼친 드라마 〈태양의 후예〉는 풍성하게 깔리는 OST와 함께 나름 많이 감동적이었다.

영어에도 이러한 후예들이 있다. 〈진구 + 김지원〉 같은 커플이 바로 〈전치사 + 명사〉 커플이다. 그냥 조연도 아니고 완전 주연도 아니지만, 이 부주연 커플이 보여준 케미는 영어에서 전명구 커플이 보여주는 활약상과 유사하다 하겠다. 완전 주연 커플인 송송 커플보다 구원 커플이 더 좋았다는 사람들이 있듯이, 이 전명구 커플도 나름 영어의 완성도에 아주 특별한 기여를 하고 있음은 특별히 눈여겨 볼 필요가 있다.

또한, 〈송중기 + 송혜교〉 커플이 막강한 비중으로 작품의 대부분을 채워가듯이, 〈접속사+종속절〉 커플도 나름의 중량감으로 문장 안에서 자신의 위상을 위력 있게 발휘한다. 송송 커플 같은 접속사 얘기는 다음 5장에서 전개된다.

한 문장 안에서 주어, 동사, 목적어, 보어 등 분명한 문장 성분 이외의 많은 부분이 '전치사 + 명사' 형태로 된 수식어이며, 형용사 또는 부사로서 기능한다고 하였다. 독자들이 일상적으로 마주하는 수많은 영어 문장들 속에서 실제로 이러한 사실을 확인해 보기 바란다. 그러한 것은 제법 길다란 문장들에서 더욱 확실히 나타난다.

On a mild day in March in 1989, my friend visited
my office in the Ulman Building on the campus
of the University of Alabama at Birmingham.
1989년 3월의 어느 화창한 날, 나의 친구는 Birmingham
소재 Alabama 대학 캠퍼스에 있는 Ulman 빌딩 내 나의
사무실을 방문했다.

위의 문장은 매우 의미심장한 예문이다. 매우 긴 문장이지만,
핵심요소는 my friend visited my office (나의 친구가 내 사무실
을 방문했다) 라는 〈주어 + 동사 + 목적어〉 뿐이다. 나머지 들러리
요소들이 장황하게 나열되어 있는 상황이다. 예문에서, On a mild
day는 전치사 + 명사 구조로 '어느 화창한 날에' 라는 뜻의 부사로
쓰였다. 다음으로 이어지는 in March는 같은 '전치사 + 명사' 의 구
조이지만, 이번에는 앞의 day를 수식하는 형용사로 쓰였다. 날은 날
인데 '3월의' 화창한 날이라고 수식하고 있다. 다음의 in 1989 역시
전치사 + 명사 구조로 3월은 3월인데, 1989년의 3월이라며 형용사
로 기능한다.

On a mild day 〈 in March 〈 in 1989

그렇다면 왜 '화창한 날' 이 먼저 나오고, '3월' 이 다음으로 나오
고, 그 다음에 '1989년' 이 나올까? 이 각각의 구 사이에는 전치사
'of' 가 숨어 있다. 영어식 조어법은 '작은 것 of 큰 것' 의 형식이
된다. 구미식 주소의 예를 간단히 살펴보자.

592, Harold Street, Salt Lake City, Utah, USA

여기서 592번지는 Harold 거리의 592번지이다. Harold 거리는 Salt Lake 시의 Harold 거리이다. Salt Lake 시는 Utah 주의 Salt Lake 시이다. Utah 주는 USA의 Utah 주이다. 이렇게 영어식 조어법은 '작은 것' 과 '큰 것' 사이에 전치사 'of' 가 부지불식간에 들어가 'of + 큰 것' 이 '전치사 + 명사' 형태로 뒤에서 수식하는 형용사 역할을 하는 구조인 것이다.

한 단어짜리 순수 형용사는 수식하는 명사 앞에 오는 반면에, 두 단어 이상의 구나 절 형태의 형용사는 늘 명사의 뒤에 위치하면서 수식한다. 이제 시간적으로 '어느 화창한 날' 이 먼저 오고, '3월' 이 다음에 오고, '1989년' 이 그 다음으로 온 이유를 이해했을 것이다.

이러한 조어법은 공간적으로도 동일하게 적용된다. 핵심어 my friend visited my office 다음에 바로 등장하는 in the Ulman Building 역시 '전치사 + 명사' 구조로 my office를 수식하는 형용사가 된다. 내 사무실이 Ulman 빌딩에 있는 사무실이라 수식하고 있다. 다음에 이어지는 on the campus를 보자. 역시 '전치사 + 명사' 구조로 '캠퍼스에 있는' Ulman 빌딩이라며 형용사로서 수식의 역할을 하고 있다. 예문에서 보면 알겠지만, 끊임없이 '전치사 + 명사' 구조로 형용사가 되어 바로 앞의 단어를 수식하고 있다. 이를 도식으로 나타내면 다음과 같다.

my office ⟨ in the Ulman Building ⟨ on the campus ⟨
of the University ⟨ of Alabama ⟨ at Birmingham

시간적인 서술의 순서와 마찬가지로, 공간적인 서술도 '작은 장소 of 큰 장소' 의 어순이 되어 'of + 큰 장소' 가 '작은 장소' 를 형용사로서 수식하는 형식이다. 이러한 현상은 유럽 언어들 사이에 공통적으로 나타난다.

이러한 어순 구조는 단순히 시간과 장소에만 한정되지 않는다. 영어의 모든 구석 구석에 이러한 사고방식이 녹아 있다. 심지어는 성명에서도 그러한 사실이 나타난다. 미국 대통령 Barack Obama는 뒤의 Obama가 성이다. 그리고 앞의 Barack이 이름이다. 그런데 필자의 성명 이계양에서 성은 '이' 씨이고 이름이 '계양' 이다. 그렇다면 무슨 이유에서 이렇게 순서가 뒤바뀌어 나타날까? 이 역시 문법구조 때문이다. 문화의 차이가 결코 아니라는 말이다. 계속 설명하고 있듯이, Barack과 Obama 사이에는 'of' 가 숨겨져 있다.

Barack of Obama! Obama 가문의 Barack이라는 조어법이다. 이를 다른 시각에서 보면, Barack이 형용사, Obama가 명사 순서라고 볼 수도 있다. 이 경우는 Obama는 Obama인데, Barack이라는 이름의 Obama라고 앞에서 형용사로 수식하고, Obama는 뒤에서 수식 받는 명사로 볼 수 있다.

똑같은 원리가 아시아 언어, 아시아 성명에서는 반대로 나타난다. 이계양은 이씨 '가문' 의 계양이라는 뜻이다. 등소평도 등씨 가문의 소평이라는 의미이다.

다소 장황하게 영어의 어순구조를 설명하였는데, 이러한 원리를 제대로만 이해한다면, 영어가 정말 쉽고 합리적인 구조를 갖는 언어라는 데에 십분 동의할 것이다. 그리고 영어라는 그림을 그릴 때마다 이러한 구도를 유념하면 많은 유익이 있을 것이다.

It will be held tomorrow at five at Rose Hall in our school.
그것은 우리 학교의 Rose Hall에서 내일 다섯 시에 열릴 것이다.

TIP #27

전치사와 인생역전

전치사가 얼마나 엄청난 위력을 가지는지를 보여주는 대표적인 사례가 링컨의 게티스버그 연설에 나오는 아래 문장이다. 단지 전치사 용법 하나만으로 링컨은 그의 연설은 물론, 링컨이라는 인물이 엄청 대단한 정치가로 돋보이게 할 수 있었다.

The government of the people, by the people,
for the people, shall not perish from the earth.
국민의, 국민에 의한, 국민을 위한 정부는 지구상에서
결코 사라지지 않을 것이다.

위의 문장에서 전치사 세 개, of, by, for 가지고 링컨은 민주주의의 대변자와 성공적인 정치가의 대명사가 되어 있다. 문법적으로도 이 명문은 커다란 의미를 가진다. of the people, by the people, for the people 세 전명구는 The government라는 명사를 수식하는 형용사로 기능한다.
그리고 from the earth라는 전명구는 부사적으로 쓰여, 이 한 문장으로 전명구가 형용사 내지 부사로 쓰임을 깔끔하게 예시하여 주고 있다.

제2절 | 영어와 우리말의 근본적 차이

이쯤에서 영어와 우리말의 근본적 차이를 정리하고 넘어가자. 아래 두 표현을 유심히 살펴보면 위치 내지 수식 관계가 정반대임을 알 수 있다.

아버지의 아들
The son of the father

이는 우리말 조사 '의' 와 영어 전치사 'of' 의 차이에서 기인한다. 이러한 용법상의 차이는 주소나 이름은 물론 문장 구조 자체가 서로 반대가 되게 만든다.

경기도(의) 평택시(의) 현덕면(의) 운정4길(의) 86번지
592 (of) Harold Street (of) Salt City (of) Utah (of) USA

이 (가문의) 계양
Barack (of) OBAMA

전치사 of가 영문법에서 차지하는 영향력은 참으로 지대하다 할수 있다. 위에서 살펴본 바와 같이 성명이나 주소 등의 순서에서도 of의 문법적 기능이 숨어서 영향을 주지만, of는 일반적인 문장 순서의 전반에 걸쳐서도 영향력을 발휘하고 있다. 이와 같은 사실은 아래 예문을 통하여도 확인할 수 있다.

나는 현금을 인출할 목적으로 은행에 가고 있다.

I am going to the bank for the purpose
of withdrawing cash.

그녀는 그것을 출판하겠다는 생각은 없이,

그녀 자신이 즐거워할 만한 이야기를 쓰는 것을 시작했다.

She began to write a story to please herself
without thinking of publishing it.

위의 영어 문장과 한국어 문장의 순서를 보면 정확히 반대로 가
고 있다. 우리말 조사 '의' 와 영어 전치사 'of' 의 속성의 차이로 인
해 원론적으로 한국어 문장과 영어 문장은 역순이 된다. 한국어의
각 문장성분 사이사이마다 (의)가 숨어 있듯이, 영어 문장의 각 구
절 사이사이에도 실은 (of)가 숨어 있는 것이다. 이러한 이해를 갖는
다는 것 자체만으로도 남들과는 다른 원어민적 감각을 소유하게 된
다. 각각의 의미요소 사이에 '의' 와 'of' 가 은밀히 살아 숨쉬는 것에
대한 실감은 독자 여러분들의 몫이다.

단문 형식에서도 그렇지만, 아래 예문에서 보는 바와 같이 복문
형식에서도 똑같은 원리가 적용된다. 동상사를 기점으로 주어와 보
어 내부에서도 영어와 한국어가 각각 정반대의 문형배치를 가짐을
알 수 있다.

One of the most important things you can do
in the process of building trust and credibility is

to reduce the customer's fear to the point where he has no hesitation about going ahead with your offer. (A is B) 신용과 신뢰를 쌓는 과정에서 당신이 할 수 있는 가장 중요한 일 중 하나는 당신의 권유에 따라 가는 것에 대하여 그가 주저를 갖지 않는 지점까지 고객의 두려움을 줄이는 것이다.

위의 길다란 예문을 시각적으로 좀 더 쉽게 보기 위하여 이를 표로 정리하여 보자.

〈표 9〉 영문 vs. 국문의 어순비교

	One of the most important things	신용과 신뢰를 쌓는 과정에서
주어	you can do	당신이 할 수 있는
	in the process of building trust and credibility	가장 중요한 일 중 하나는
동사	is	이다.
보어	to reduce the customer's fear	당신의 권유에 따라 가는 것에 대하여
	to the point where he has no hesitation	그가 주저를 갖지 않는 지점까지
	about going ahead with your offer.	고객의 두려움을 줄이는 것

위의 표를 자세히 보면 중요한 시사점을 얻을 수 있다. 영어 문장을 한국어로 옮길 때 뒤에서부터 앞으로 해석해 와야 한다고 말해지는 요령은 단순히 편법적인 발상에서 유래한 것이 아니다.

영문과 한글이 어순 구조에 있어서 상반 관계에 있음에 대한 논의를 좀 더 전개한다. '영어 전치사' 와 '우리말 조사' 는 어법 속성의 차이로 인해 원론적으로 두 언어의 어순을 역순이 되게 한다. 영어의 〈with cash〉는 〈현금 갖고〉로 cash와 with의 역순 현상이 나타난다.

현금 갖고
with cash

은행으로
to the bank

〈to the bank〉도 마찬가지이다. 우리말 〈은행으로〉는 중심단어 〈은행〉이 먼저 오고, 조사 〈으로〉가 후치되는 형태를 가질 수 밖에 없다. after, by, for, from, to 등 모든 영어 전치사와 우리말 조사는 상호간에 어순의 역전 현상은 불가피하다.

그렇다면 이제 근본적인 물음으로 들어가자. 우리말과 영어의 역순현상의 가장 근본적인 영역은 문장의 어순이다.

I love you. 〈주어 + 동사 + 목적어〉
나는 너를 사랑한다. 〈주어 + 목적어 + 동사〉

어순의 이러한 상호 차이는 어디에서 오고, 어떻게 납득해야 할까? 많은 사람들이 영어를 말하고, 영어를 가르치고 있지만, 쉽게 그리고 명쾌하게 설명하지 못하는 부분이다. 앞에서 설명한 주소나 이름의 문법적 역전, 문장 해석의 역순, 영어 〈전치사 + 명사〉와 우리말 〈명사 + 조사〉의 상반 관계에서도 두 언어 사이에는 어순적 역전이 불가피함은 이미 체감하고 납득하고 있을 것이다. 이제 아래 표를 보자.

〈표 10〉 동사 및 전치사와 목적어의 어순

동작/상황(Body Guard)	대상(VIP)	용례(Example)
동사	목적어	write a letter 편지를 쓰다
전치사	목적어	for you 너를 위하여

　문장 성분 중 목적어Object에 대하여 설명하면서 동사도 목적어를 갖지만, 전치사도 목적어를 갖는다는 부분에 대하여 설명한 바 있다. 그리고 바로 앞의 설명에서 우리말은 조사가 후치하지만, 똑같은 기능의 영어 전치사는 명사에 전치한다는 것에 대하여 납득하였을 것이다.

　영어의 〈전치사 + 명사〉가 우리말 〈명사 + 조사〉의 어순과 상호 배치되는 것과 마찬가지로, 완전히 똑같은 원리가 영어의 〈동사 + 목적어〉 구조와 우리말의 〈목적어 + 동사〉 어순에도 적용된다. 영어의 동사나 전치사는 자신들의 목적어 (목적대상, 객체, Object)를 위한 행동대원 역할에 있어서는 완전히 동일한 구성을 가진다. 그러니까 〈love you〉에서의 love나 〈for you〉에서의 for는 동일한 역할과 작용과 형식을 갖는다는 말이다. 전치하는 영어 전치사와 후치하는 우리말 조사의 어순적 역순을 받아들이는 것과 동일한 선상에서 영어 〈동사 + 목적어〉 어순과 우리말 〈목적어 + 동사〉 어순의 당연함이 납득되어야 한다는 말이다.

이러한 원리의 연장선상에서 영문 〈주어 + be동사 + 보어〉도 같은 맥락으로 이해가 되어야 한다. 아래 예문을 보자.

유진은 사업가이다.
Eugene is a businessman.

영어의 be동사 부분이 보어에 전치하는 것과 우리말 용언 〈이다〉가 보어에 후치하는 것도 동일한 맥락에서 이해할 수 있기 바란다. be 동사는 상태, 상황, 성격, 속성 등을 확정하는 행동대원일 뿐이라는 말이다. 여기서의 보어는 동사를 동작하게 하는 목적어와는 형식 면에서 성격이 다르지만, 뒤에 오는 보어를 꾸며주고 한정하는 역할을 한다는 점에서는 be동사도 일반동사와 동일한 형식적 원리로 전치한다는 측면을 이해할 수 있어야 한다.

이제까지의 논의를 총괄 정리해 보자. 우리말의 〈의미 관계〉를 결정짓는 유일하면서도 대표적이라고 할 수 있는 기능어는 조사 〈의〉이다. 그리고 영어의 〈의미 관계〉를 설정하는 가장 강력하고도 대표적인 전치사가 바로 〈of〉이다. 그것이 겉으로 드러나있든, 감추어져 나타나지 않든 간에 이들이야말로 한글이나 영문의 의미관계를 엮어내는 진정한 일꾼이자 실세들이다.

내님의 사랑

가을날의 추억

오늘의 날씨

The Power of Love

In the name of the father

위와 같이 조사 〈의〉, 전치사 〈of〉가 언어에서 엮어내는 설정 능력은 참으로 지대한 것이다. 여타의 조사, 전치사들이 특정한 상황을 설정하는 기능을 한다면, 〈의〉와 〈of〉는 〈관계의 설정〉이라는 막강한 역할을 수행하는 능력자인 것이다.

앞에서 보아온 주소 관계의 설정이나 성과 이름 사이의 관계, 문장의 배치 등에서 이들은 암약과 활약을 거침없이 하고 있다. 다만 그렇게 무소불위의 능력을 자랑하는 조사 〈의〉와 전치사 〈of〉임에도 불구하고 다른 조사, 다른 전치사들에게 역할을 위임하는 것은 마치 군인에 비유할 수 있겠다. 권한과 파워에서 막강함을 자랑하는 것이 참모총장이고 〈of〉이지만, 그렇다고 총장 혼자서 군의 모든 역할을 전부 감당하는 것은 아니고, 현실적으로 그렇게 할 수도 없다. 개개의 특수한 역할은 별도의 주특기를 가진 병사들이 세부적으로 소임을 다하게 하고, 총장은 총괄적인 줄기를 통제한다고 보면 어떨까 싶다. 이 때의 주특기별 병사들이 다음 절에서 다루는 at, on, in, after, by, for, from, to, with 등의 기타 전치사 병사들이다. 다시 말해, 만능의 of 전치사보다는 별도의 특수 능력을 자랑하는 개별 전치사들에게 보직을 주고, 역할을 담당하게 한다는 말이다.

고급영어에 대한 오해

영어교육 일선에서 현장을 둘러 보면, 특이한 현상을 발견하게 된다. 뭔가 특이한 표현을 들이대며 '이걸 아는 것이 영어를 잘 하는 것'이고, '이걸 배워야 영어를 제대로 배우는 것'이라는 강의들이다. 이렇게 특이한 표현, 단편 중심 교육은 유치원 영어, 아동 영어교육현장에서도 마찬가지이다.

하지만 필자는 실용영어 현장에서 날마다 비즈니스를 하는 실사용자이기도 하다. 수많은 바이어와 얘기를 나누고, 별의별 카탈로그, 온갖 베스트 셀러를 독서해 보지만, 그 특별하다는 관용표현은 별로 접하지를 못하고, 설령 그렇게 특이한 표현을 접한다 해도 소화가 안 된다거나, 소통 대세에 지장을 받는 일은 별로 없다.

그러니 다시 한번 기본으로 돌아가자. 기본이 완벽하면 응용은 문제가 안 된다. 기본이 되고 나면, 이때부터는 자율학습과 자가발전이 가능한, 그야말로 자주자립이 가능한 경지에 올라서게 되는 것이다.

제3절 | 전치사의 범주화

사실, 전치사의 숫자는 전체 영단어 총수에 비하면 극도로 적다. 영어 사전에 수록된 몇 십만 개의 단어들 중에서 전치사로 기능하는 단어는 대략 60~70여 개 정도에 불과하다. 그럼에도 불구하고, 이들을 그 위상이나 쓰임새 별로 재분류하여 보면 다시 말해, 범주화해 보면 재미있는 현상을 발견하게 된다.

제일 많이 쓰이고 활용도가 높은 무리를 1군으로 칭한다고 할 때, 여기에는 단연코 at, in, on을 넣어야 할 것이다. 시간적, 공간적 그리고 기타의 상황 묘사에 매우 다양하게 쓰인다. 아울러, of은 주소와 성명은 물론 문장 배열의 전반적인 순서에서 설명하였듯이, 숨어서 또는 드러난 가운데에서도 본연의 역할을 충분히 비중 있게 수행하므로 1군 전치사에 포진시켜야 한다.

1군보다는 조금 떨어지지만, 그래도 비중이 상당한 전치사군을 2군으로 모아 보면 after, by, for, from, to, with 등 6개 정도이다.

그 외에, 용도가 상당히 단편적이면서도 전치사라고 당당히 내세울 수 밖에 없는 무리들을 3군으로 묶었다. about, above, across, against, along, around, as, before, beside, besides, between, beyond, but, down, during, except, inside, into, less, like, minus, near, next, off, out, out of, outside, over, plus, save, since, than, through, throughout, under, underneath, unless, unlike, until, up, upon, via, within, without 등 40여 개 내외이다.

그리고, 이러한 단어들도 전치사 기능이 있었나 싶지만, 분명히 전치사로서의 기능을 하는 무리들을 마지막 4군으로 모아 보았다. 4군에는 다음과 같은 전치사들이 있다. concerning, considering, excepting, excluding, following, lacking, regarding 등 10개 내외이다. 이렇게 -ing 형태로 끝나는 전치사들은 때로 분사구문 형태와 묘하게 중첩되어 나타나기도 하는데, 이러한 그룹을 보통 분사 전치사라 이름하기도 한다.

〈표 11〉 전치사별 랭킹

No.	그룹	내용
1	핵심 1군	at, on, in, of
2	주요 2군	after, by, for, from, to, with
3	일반 3군	about, above, across, against, along, around, as, before, beside, besides, between, beyond, but, down, during, except, inside, into, less, like, minus, near, next, off, out, out of, outside, over, plus, save, since, than, through, throughout, under, underneath, unless, unlike, until, up, upon, via, within, without
4	기타 4군	concerning, considering, excepting, excluding, following, lacking, regarding

지면 관계상 그리고 본서의 간행 취지 상 여기서는 모든 전치사의 기능을 해설하지는 않는다. 전체 그리고 상세 내역은 본서의 모함이라고 할 수 있는 〈너무 쉽게 일어난 기적, 한 시간에 끝내는 영어〉를 참조하기 바란다.

식상을 어이할꼬!

영어의 기본을 강연할 때마다 받는 난감한 반응이 있다. 영어 구사의 기본 중에 기본인 부정사, 동명사, 분사 등을 설명할라치면, "또 그거야!" 하는 반응과 "나 그거 아는데!" 하는 김빠지는 리액션이다.

아무리 대단한 권투선수도 그는 결국 똑같은 잽, 스트레이트, 어퍼컷을 반복 구사하는 것이며, 천하의 씨름선수도 늘 똑같은 배지기, 안다리, 바깥다리 기술을 반복 구사하여 승자가 되는 것이다. 심지어 바둑은 늘 똑같은 하양, 까망 바둑돌을 사용하고, 또 우리는 늘 똑같은 밥, 반찬으로 삶을 영위하고 있다.

그러니 '나도 아는 기술'이라며 뭔가 새롭고 어설픈 기술만 찾아다니지 말고, 이미 알고 기술이나 확실하고 유능하게 구사하자. 기본은 완숙함에 이르는 거의 전부이다. 그리고, 단언컨대 문법은 안다면서 영어가 안 되는 사람은 실제로는 문법을 제대로 모르고 있는 사람일 확률이 매우 높다.

제4절 │ 핵심 1군 전치사

앞에서 기술했듯이 at, in, on을 1군 전치사로 범주화하였다. 쓰임새가 가장 다양하고 복잡한 것이 이 세 가지로, 여기에 후술할 of 까지 합하면 이들의 비중이 전치사 전체의 절반에 육박한다고 보아도 무리가 없을 것이다.

at, in, on 세 전치사 모두 시간, 공간 및 기타 상황의 묘사에 쓰인다. 다음의 표에서 보듯이 이들 사이에는 미묘한 용법상의 차이가 존재한다. 차이의 한계를 칼로 자르듯 명확하게 구분할 수는 없지만, 쓰임새의 차이가 엄연히 존재하며, 한 전치사가 쓰여야 할 자리에 다른 전치사가 자리하게 되면, 마치 위에는 양복, 아래는 한복을 입은 듯 어색해진다. 많은 용례를 접함으로써 용법상의 미묘한 차이를 체득하는 방법밖에 없다는 점과, 다양한 쓰임새를 모두 다 열거하기에는 지면이 허락되지 않는 관계로 대표적인 사례만 제시함을 이해 바란다.

일반적으로 시간 및 공간 표현에서 at은 작고 구체적인 개념, on은 특정한 개념, in은 넓은 개념의 설정에 쓰인다고 할 수 있다. 공간 설정과 관계된 각 전치사의 쓰임새 측면에서 볼 때, at은 특정한 방향성 없이 상대적으로 작은 장소를 나타내고, on은 특정 부분이나 어느 윗부분을 한정하게 되며, in은 in 이하에 설정되는 개념의 내부나 다소 넓은 장소를 한정하게 된다. 이러한 역할은 공간뿐만 아니라 시간 묘사에도 그대로 이어진다. 다만, 이러한 부분은 설명을 통하여 명확하게 묘사하는 데에는 한계가 있으므로, 독자들은 문맥 속에서의 다양한 쓰임새를 폭넓게 접하는 것에 의하여 정확한 사용법을 체득하여야 한다.

〈표 12〉 핵심전치사의 용법 차이

구분	at	on	in
묘사특징	작고 구체적인 것	특정한 것	크고 넓은 것
설정위치	특정 지점	위쪽	안쪽

제1항 at, on, in 상호 비교

1. 시간표현

at	at six 여섯 시에 at nine 아홉 살 때에 at noon 정오에 at the same time 동시에 at that time 그때에는
on	on Sunday 일요일에 on Christmas Eve 성탄 전야에 on the first of May 5월 1일에 on my birthday 내 생일에
in	in 1990 1990 년에 in one's youth 젊었을 때 in his absence 부재 중에 in the morning 오전에 in March 3월에 in summer 여름에 in those days 그 당시에는

2. 장소표현

at	at the end of the street 거리의 끝에 at the office 사무실에서 at a wedding 결혼식에서 Open your book at page 20. 책 20페이지를 펴라. He is a student at Yale. 그는 예일대 학생이다.
on	a book on the desk 책상 위의 책 a scar on the face 얼굴의 흉터 play on the street 거리에서 놀다
in	in Korea 한국에서 in Chicago 시카고에서 an Island in the Pacific 태평양의 어느 섬 read it in the newspaper 그것을 신문에서 읽다

3. 기타 상황 표현

at	at a loss 당황하여 at breakfast 아침식사 중 good at swimming 수영에 능숙하여 an expert at chess 체스 전문가 at school 수업 중 at full speed 전속력으로 at a low price 싼 값으로
on	on request 요구에 따라 on arrival 도착하자마자 put a tax on tobacco 담배에 세금을 부과하다 Let's play a joke on him. 그를 놀려주자. a book on international relations 국제관계에 관한 책 on sale 판매 중 on strike 파업 중

in	in school 재학 중에
	in bed 잠자리에서
	in good health 건강하게
	in trouble 곤경에 처하여
	in liquor 술에 취하여
	in haste 서둘러
	in that case 그러한 경우에는
	in a black suit 검은 옷을 입고
	in large quantities 대량으로
	in my experience 내 경험으로

제2항 of 전치사

전치사 〈of〉의 위상과 역할의 중요성은 앞의 여러 절에서 충분히 강조하였으므로 본 항에서는 실무적인 기능만 해설하는 것으로 한다. 〈of + 명사〉는 of 이전의 단어에 대하여 형용사 내지 부사적인 역할을 한다. of의 가장 대표적인 용법은 소유, 소속이다. of의 앞은 of 뒤의 중심어에 소속 내지는 소유된다는 것이다.

the daughter of my friend 내 친구의 딸

the rise of the sun 일출

the works of Shakespeare 셰익스피어의 작품

the love of parent 부모님의 사랑

the love of a mother for her child 자식에 대한 어머니의 사랑

때로는 of의 전후가 동격관계를 나타내기도 한다.

the city of Seoul 서울시

the fact of my having seen him 내가 그를 만났다는 사실

of 이하의 것들 중 어떤 것을 지칭할 때 이 부분을 of 앞에 놓는다.

many of the students 학생들 중의 다수

the King of Kings 왕중왕, 왕들 중의 왕

five[some] of us 우리들 중의 다섯[몇 명]

단위를 나타낼 때에도 쓰이는 데, 이 경우 of 이하가 전체적으로 형용사가 된다.

a basket of strawberries 딸기 한 바구니

a piece of meat 고기 한 점

a piece of furniture 가구 한 점

a glass of wine 와인 한 잔

a cup of tea 차 한 잔

a pair of trousers 바지 한 벌

three acres of land 땅 3 에이커

a piece of paper 종이 한 장

'전치사+명사'의 전명구가 형용사 또는 부사 역할을 한다는 것은 이미 알고 있을 것이다. 'of+명사'가 형용사 역할을 하는 경우이다.

a man of courage 용기 있는 사람

a man of ability 능력 있는 사람

a matter of importance 중요한 문제

a family of five 5인 가족

다음은 '전치사 + 명사' 가 주격보어로서 형용사로 쓰인 예이다. 우리말 감각으로는 쉽사리 적응이 안 되는 영어만의, 영어스러운 문장이다. 그러한 까닭으로 우리말로 옮기기도 쉽지 않다.

Their predominant thoughts are of wealth.

그들의 지배적인 생각은 '부' 이다.

I am glad I have been of some use to you.

다소라도 도움이 되어드린 것 같아 기쁩니다.

사실, 전치사 of는 그 역할이 너무나 방대하고 막강하다. 앞의 제1절 주소나 이름, 시공간적 순서에 of가 암묵적으로 개입되는 것에서 보았듯이 of는 전체 전치사 중에서 가장 중요하다 해도 과언이 아닐 정도이다. 영어 문장의 구석 구석에서 자신의 모습을 때로는 드러내기도 하고 또 때로는 숨기는 가운데 주어진 역할을 충실히 수행하고 있는 전치사가 바로 of이다.

후광효과

소위 Halo Effect라고 하는 후광효과 개념이 있다. 서울대학교를 나왔다는 건, 그쪽 동네에서 일반화된 시험제도에 능숙하게 대응한 사람들에게 주어지는 이름표일 뿐이다. 그런데, 이 명찰을 달면 모든 면에서 최고인 것으로 보이게 되는 효과가 있다. 그런 이름표를 단 사람을 대할 때, 보통 그 사람의 인격조차도 높은 수준일 것으로 보이게 하는 효과를 말한다.

쇼트트랙과 함께 한국에서 세계 최정상을 자랑하는 스포츠로 양궁을 꼽을 수 있다. 한국의 자랑스런 양궁선수들이 올림픽 경기에서 금메달을 휩쓸면, 덩달아 한국의 코치, 감독들도 역량이 훌륭하게 보이는 반사효과를 덤으로 얻게 된다. 한국 지도자들이 실제로도 훌륭하지만 여기에 후광효과까지 더해져 상승효과(시너지, Synergy)가 나타나는 것도 사실이다.

그러한 배경을 바탕으로 많은 한국 양궁코치들이 해외 양궁팀에 나가 지도자로 활약하고 있다. 문제든 이들의 영어능력이다. 한국 엘리트 체육의 현주소는 영어능력배양과는 약간 거리가 있다. 선수양성 과정에서 영어를 포함한 일반 학습은 여전히 도외시되고 있는 것이 현실이다. 그런 까닭에 해외에서 한국지도자를 초청하는 많은 러브콜이 있지만, 채용후보자들의 영어능력이 항상 문제가 된다. 자신의 코칭 프로그램의 차별성을 현란하게 어필하여 높은 연봉과 좋은 대우를 받을 수 있음에도 그렇지 못한 경우가 많다.

문제는 채용된 이후에도 나타난다. 부족한 영어능력은 선수들과의 효과적인 의사소통을 방해하여 코칭 기술이 100% 전달되지 않는 상황을 초래한다. 당연히 소기의 성과가 나타나지 않는다. 아울러, 지도자의 능력이 아무리 뛰어나도 영어를 어눌하게 하면 코칭 능력도 덩달아 어눌하게 비춰질 수도 있다. 그야말로 후광효과가 거꾸로, 역작용으로 나타나게 되는 것이다. 실제로 능력도 있고, 지도력도 있는데, 다만 영어가 시원치 않다는 이유로 지도자의 능력이 평가절하 당할 수도 있다는 말이다. 그만큼 영어능력은 비즈니스 일선에서 중요한 평가잣대가 된다.

하지만 걱정할 것 없다. 너무나 쉽게 영어의 주인이 될 수 있는 방법이 있기 때문이다. 지금 여러분은 그 방법을 배우고 있다.

제5절 │ 주요 2군 전치사

주요 2군 전치사는 at, on, in, of의 핵심 1군 전치사 만큼 쓰임새가 다양하지는 않지만, 고유한 역할에 있어서 적지 않은 비중을 갖는 중요한 전치사들로 범주화해 보았다.

● after

after에 이어지는 중심어를 기준으로 그 이후의 시간이나 순서를 나타내고자 할 때 쓰인다.

Come after me. 나를 따라 오시오.
I'll leave after supper. 저녁 식사 후에 떠나겠다.
After you, please. 먼저 타세요[가세요, 하세요].
after school 방과 후에
the day after tomorrow 모레
Car after car passed by. 차들이 연이어 지나 갔다.
Day after day he came to work late.
날이면 날마다 그는 지각을 했다.
time after time 몇 차례고
year after year 해마다
one after the other 차례로, 번갈아, 교대로
He came to live here after his father's death.
그는 아버지가 돌아가신 후에 이곳으로 이사했다.

I am sorry, but I can't attend the meeting after all.

죄송합니다만, 결국 미팅에는 참석할 수 없겠습니다.

After all my advice, he still went his own way.

내가 그렇게 충고했음에도 불구하고,

그는 여전히 자기 방식 대로만 했다.

용도는 동일하지만, 뒤에 절을 동반할 경우는 종속접속사로서의 기능을 하며, 이러한 절은 부사절로 기능한다.

After he comes, I shall start 그가 온 후에, 떠나겠다.

I arrived there after she had left.

그녀가 떠난 후에야 난 거기에 도착했다.

● by

가장 기초적인 쓰임새로서의 by는 중심명사의 '옆에, 곁에' 라는 의미로 쓰인다. 이의 연장선상에서 보면, 어떠한 것들이 나란히 계속해서 연이어짐을 나타내는 경우에도 쓰인다.

a house by the seaside 바닷가의 집

one by one 하나씩

two by two 둘씩

page by page 한 페이지씩

step by step 한 걸음씩

drop by drop 한 방울씩, 방울방울

piece by piece 한 개씩

little by little 조금씩

day by day 날마다, 나날이

'행위, 수단, 방법, 원인, 매개' 등이 동반됨을 나타낼 때 쓰인다.

by air mail[special delivery] 항공우편[속달]으로

by train[ship, bus] 기차[배, 버스]로

by the help of God 하나님의 도움으로

The building was destroyed by fire.

그 빌딩은 화재로 무너졌다.

America was discovered by Columbus.

아메리카는 콜럼버스에 의해 발견되었다.

This bicycle is driven by electricity.

이 자전거는 전기에 의해 구동된다.

judge by appearances 외모로 판단하다

work by rule 규칙에 따라 일하다

by accident 우연히

by all means 반드시, 꼭

by force 힘으로, 우격다짐으로

by mistake 실수로

by violence 폭력으로

중심명사가 가지는 시간적 의미까지를 나타낼 때 not later than

의 의미로 쓰인다. by 이후 중심명사가 지정한 시간이 최대한이고, 그 이전에라도 상황이 충족되면 시간적 종지가 일어날 수 있다. 이 점이 till과의 차이이다. till은 이후 중심명사가 가리키는 시간까지는 줄곧 유지되어야 하는 지속의 개념이다.

by the end of this month 이달 말까지
Finish this work by the end of the week.
주말까지는 이 일을 끝내라.

● for

2군 전치사라고는 하지만, 쓰임새가 1군 전치사에 버금갈 정도로 매우 다양하다. for 이하에 사람이 오느냐, 사물이 오느냐에 따라 같은 용법이라도 어감이 조금씩 다르다. for 이하의 부분을 '위하여' 라는 분위기를 조성한다.

give one's life for one's country
조국을 위하여 목숨을 바치다
work for an oil company 석유회사에서 일하다
Smoking is not good for health 흡연은 건강에 해롭다.
It was fortunate for you that he was there.
그가 거기에 있었던 것이 너를 위하여 다행한 일이었다.
Did you get the tickets for the game?
경기를 위한 입장권은 샀니?

dress for dinner 만찬을 위해 옷을 입다

a present for you 너를 위한 선물

send for a doctor 의사를 부르러 보내다

go for a walk 산책하러 가다

a house for rent 셋집

for sale 팔려고 내놓은

just for fun 단지 재미로

books for children 아동들을 위한 책

prepare for an examination 시험준비를 하다

I bought a new desk for the office.
나는 사무실용 새 책상을 샀다.

He fought for liberty. 그는 자유를 위해 싸웠다.

I bought the book for studying at home.
나는 집에서 공부하려고 그 책을 샀다.

for 이하에 '대하여, ~로서는' 어떠하다고 할 때 쓰인다.

a great affection for her 그녀에 대한 크나큰 사랑

pity for the poor 가난한 사람들에 대한 동정

I'm sorry for you. 너에 대하여 가슴 아프게 생각한다.

give blow for blow 주먹엔 주먹으로 맞서다.

an eye for an eye 눈에는 눈으로

Thank you for your kindness. 친절에 감사 드립니다.

I paid $50 for the camera. 카메라에 $50를 지불했다.

payment for the crime 범죄에 대한 대가

reward him for his services 서비스에 대하여 사례하다

He was fined for speeding. 그는 과속으로 벌금을 부과 받았다.

It is difficult for me to pronounce the word.

그 단어를 발음하는 것이 나로서는 어렵다.

It is important for you to go at once.

네가 즉시 가는 것이 중요하다.

for my part 나로서는

for this time 이번만은

for that matter 그 일에 대하여 말하자면

He is young for his age. 그는 나이에 비해 젊다.

It's too early for supper. 저녁을 들기에는 너무 이르다.

That hat is too small for me. 이 모자는 나에게 너무 작다.

It's too cold for tennis. 테니스를 하기에는 너무 춥다.

for 이하라는 '이유, 원인' 등을 내세울 때에도 쓰인다.

for fear of ~ 을 두려워하여

for this reason 이러한 이유로

for many reasons 여러 가지 이유로

I can't see anything for the fog.

안개로 인해 아무것도 볼 수 없다.

be dismissed for neglecting one's duties.

직무를 태만히 하여 해고되다.

He blamed me for the delay.
그는 지연에 대하여 나를 질책했다.

'목표, 방향' 등을 나타낸다.

start[leave] (Busan) for China
중국을 향해 (부산을) 떠나다
Is this train for Seoul? 이 기차는 서울행 입니까?

for 이하의 '기간 동안' 을 나타낸다.

for the last ten years 지난 10년 동안
for a while 잠시
imprisonment for life 무기징역

● from

from은 to와 대비되는 개념임을 염두에 두어야 한다. from에 이어지는 중심어가 가지는 개념에서부터 모든 것이 유래되고 시작된다는 의미이다. from은 오직 전치사로만 쓰인다.

from the beginning 처음부터
travel from Seoul to New York 서울에서 뉴욕까지의 여행
Bees fly from flower to flower. 벌들이 꽃들 사이를 날아다닌다.

translate from English to Korean 영어를 한국어로 옮기다

from birth to death 태어나서 죽을 때까지

How far is it from here to the station?

여기서 역까지는 얼마나 먼가요?

He lectured from six till eight.

그는 여섯 시부터 여덟 시까지 강의 했다.

Things are going from bad to worse.

상황이 점점 나빠져 가고 있다.

from now on 지금부터 쭉

from then on 그때부터 쭉

He is away from home. 그는 집을 떠나 있다.

The rain prevented us from going there.

비로 인해 거기에 갈 수 없었다.

Where do you come from? 어디 출신 입니까?

from the political point of view 정치적인 견지에서 보아

die from a wound 부상으로 죽다

She became deaf from the explosion.

그녀는 폭음으로 인해 귀머거리가 되었다.

Wine is made from grapes. 와인은 포도주로 만든다.

Can you tell wheat from barley?

너는 보리와 밀을 구별할 줄 아니?

● to

전치사 to는 시간, 장소, 기타 상황에 대하여 to 이하에 나타난 중심어까지 또는 중심어로의 방향성을 나타내고자 할 때 사용한다. to는 from과 대비되는 개념이면서도 쓰임새가 광범위하다.

turn to the right 오른쪽으로 돌다

on one's way to school 학교 가는 도중에

The town lies to the north of Paris.
그 소도시는 파리 북쪽에 위치해 있다.

sail from Europe to Canada 유럽에서 캐나다까지 항해하다.

He has little tendency to laziness.
그는 게으름을 피우는 경향이 거의 없다.

appeal to public opinion 여론에 호소하다.

I'd like to talk to you. 당신과 이야기하고 싶습니다.

Listen to me. 내 말 좀 들어봐.

He went to bed. 그는 잠자리에 들었다.

You mean everything to me.
당신은 나에게 있어 전부나 마찬가지이다.

The fact is known to everyone.
그 사실은 모두에게 알려져 있다.

It doesn't matter to me what you say.
네가 뭐라고 하든 나와는 상관없다.

She is a great comfort to her parents.

그녀는 부모님께 커다란 위안이다.

It is nothing to me. 그것은 나에게 아무것도 아니다.

To my mind, he is very clever. 내 생각에 그는 매우 영리하다.

The total came to $50. 총액이 50달러가 되었다.

The traffic light changed to green.

신호등이 녹색으로 바뀌었다.

Things went from bad to worse. 사태는 더욱 악화되어 갔다.

He is second to none in popularity.

그는 인기에 있어서는 누구 못지 않다.

● with

with 이하에 서술되는 중심어의 개념을 포함시켜 말하고자 할 때 쓰인다.

a book with a red cover 붉은 표지의 책

a girl with blue eyes 파란 눈을 가진 소녀

I am always in touch with him.

나는 그와 늘 연락을 취하고 있다.

a man with the knowledge of the computer

컴퓨터 지식을 갖춘 남자

I want a house with a large garden.

넓은 정원이 딸린 집을 원한다.

With her permission, he went out.

그녀의 허락 하에 그는 외출했다.

TIP #31

고추장과 전치사

영어를 못하는 사람의 한 가지 특징을 들자면 개별 단어만 가지고 있고, 이를 전치사와 결합하여 형용사나 부사로 온전하게 써먹지 못한 다는 것이다.

개별 단어만 한두 개 읊조리면서 우물쭈물 하는 이들을 보노라면, 풋 고추는 들었으되 고추장을 찍어먹을 줄 몰라 하는 사람들과 비슷하다는 생각을 지울 수가 없다.

뭔가 정보를 건네면서 참조하라고 할 때, 단지 information이라는 단 어만 들고 우물쭈물 거리지 말고, 'For your information' 이라고 전치사 for라는 고추장을 확실히 찍은 명사 information를 내밀 수 있어야 한다. 문을 통과하며 상대방 먼저 들어가라고 할 때, 괜스레 'You, you' 만 연 발하지 말고, 정확하게 'After you' 라고 할 수 있어야 한다. 이렇게 초보 는 명사만 들고 어찌할 바를 모르겠지만, 본서를 통해 기본을 갖추게 된 독자들은 명사라는 풋고추를 전치사라는 고추장에 잘 찍어먹을 수 있기 를 바란다.

바로 가능 영어

Hamburger English

5

문장 속에 문장을 집어넣는 기술
– 접속사

전치사와 접속사는 사실 맡고 있는 기능이 비슷하다. 차이가 있다면 전치사는 다음에 명사나 그에 상당하는 어구가 동반되는데 비해, 접속사는 주어와 동사를 갖춘 절이 동반된다는 것이다. 이 장에서 말하는 접속사는 모두 종속접속사를 말하며 and, or, but 등 단순한 기능의 대등접속사는 논외로 한다. 전치사로 엮어지는 전명구가 형용사와 부사를 양산한다면, 종속접속사가 이끄는 종속절은 명사절, 형용사절, 부사절을 대량 생산한다. 덩어리로 된 명사, 형용사, 부사를 양산한다는 말이다.

쌈과 접속사

영어를 못하는 사람들의 또 한 가지 특징을 들자면, 간단한 단문은 어찌어찌 가능하다 해도, 복문이나 혼성문 같은 고난도 복합문장은 만들 줄 모른다는 것이다. 이들에게 부사절이나 명사절, 형용사절을 시의적절하게 만들어 요긴하게 쓸 수 있는 날이 오기란, 남의 집 홍시가 자기집 울타리 안으로 떨어지기를 기다리는 것 만큼이나 요원해 보인다.

이들은 접속사를 가지고 한 절을 통째로 싸서, 마치 한 단어처럼 써 먹는 기술이 사뭇 낯설고 익숙지 않을 것이다. 단문이 아니면 지레 한숨만 내쉬는 이들을 바라보노라면, 맨 밥, 맨 고기만 먹을 줄 알지 온갖 야채로 온갖 것을 쌈 싸 쌈장과 함께 먹을 생각일랑은 아예 못하는 아프리카 사람들을 바라보는 듯하다.

제1절 │ 명사절과 일개미

〈주어 + 동사/상사 + 목적어/보어〉라는 핵심 문장 구조에서 주어, 목적어, 보어 자리에 들어가는 것이 명사라면 명사는 기능적으로 가장 많은 일을 하는 품사인 셈이다. 집단적으로 그리고 일을 가장 많이 한다는 측면에서 명사절을 일개미에 비유하면 어떨까 싶다. 일반적으로 명사절을 유도하는 접속사는 that, if, whether, why, what 등이다.

It is true that he is a businessman. (주어)
그가 사업가라는 건 사실이다.

I don't know if he will help me. (목적어)
나는 그가 나를 도와줄지 모르겠다.

And I sure do hope that you feel like I do. (목적어)
그리고 난 내가 느끼는 것처럼 너도 느끼기를 정말로 바란다.

Could you tell me whether she will come or not? (목적어)
그녀가 올지 안 올지 말해줄 수 있니?

They are wondering why bad thing shows up over and over again. (목적어)
사람들은 왜 나쁜 일이 계속해서 일어나는지를 의아해한다.

What he wants is money. (주어)
그가 원하는 것은 돈이다.

I believe what he says. (목적어)
나는 그가 말하는 것을 믿는다.

Ask not what your country can do for you — ask what you can do for your country. (목적어) — John F. Kennedy

국가가 여러분을 위해 무엇을 해줄 수 있는지 묻지 말고,

여러분이 국가를 위해 무엇을 할 수 있는지 물어주시기 바랍니다.

영어, 유창해야 한다는 강박

영어에 대하여 사람들이 가지는 가장 대표적인 강박이 유창해야 한다는 것이다. 자신이 영어를 하건 남이 하건 일단 영어를 할라치면 무조건 유창해야 한다고 생각한다. 개그맨 김영철도 그랬고, 어느 대통령도 그랬고, 심지어 민병철 영어, 정철 영어, 시원 영어 등 내로라 하는 강사들도 자신들의 영어가 유창한 경지임을 드러내려 애쓰는 모습을 보게 된다.

성장환경이 원어민스러웠다면 영어 잘 하는 것이 그리 대단한 일이 될 수 없으니 논외로 하자. 문제는 언어학적 결정적 시기 이후에 익힌 영어는 제아무리 열심히 한들 잘난 체 한다는 것 자체가 당사자 본인은 물론, 봐주는 선수들 입장에서도 불편하게 보인다는 점이다. 비원어민이 제아무리 노력해도 원어민이 별로 노력하지 않은 경우도보다 더 어려운 것이 외국어이다.

그러니, 이제 영어로 잘난 체 할 생각일랑 잊어버리자. 영어는 그냥 원리, 다시 말해 문법에만 맞게 차분히 구사하기만 하면 된다. 그런 영어가 더 대견하고, 멋있는 영어이다. 또 편하고 쉬운 영어가 바로 그런 영어이다.

제2절 | 형용사절과 관계사

관계사라는 품사가 별도로 있는 것은 아니다. 관계사는 접속사와 대명사 또는 접속사와 부사가 합쳐진 형태를 일컫는 개념이다. 이때 전자를 관계대명사, 후자를 관계부사라 부른다. 관계사를 형성하는 접속사는 종속접속사가 된다.

제1항 관계대명사

한 문장 내에서 종속절을 유도하는 접속사와 대명사가 합체되어 역할을 수행하는 경우가 있는데, 이 경우를 관계대명사라 부른다. 이때 형용사절인 관계사절이 수식하는 단어를 선행사라고 한다. 선행사가 종속절에서 처하는 격에 따른 쓰임새로 분류하여 보면, 다음과 같다.

〈표 13〉 관계대명사의 격변화

선행사별	주격	소유격	목적격
사람	who	whose	whom
사물	which	of which	which
사람, 사물	that	없음	that

I have a father. And he is very rich.
나는 아빠가 계시다. 그리고 그는 아주 부유하다.

이러한 두 문장이 있다고 했을 때, 이 두 문장을 한 문장으로 결합할 필요가 있게 된다. 그럴 때, 접속사and와 대명사he를 결합하여 관계대명사가 새로 탄생하게 된다. 이때 각 문장의 공통 요소 중 관계대명사로 흡수되는 쪽 말고, 살아남는 요소를 선행사라 한다. 선행사는 관계사가 이끄는 형용사절의 수식을 받는 명사가 된다. 위의 두 문장은 결국 아래와 같은 한 문장이 된다.

I have a father who is very rich.
나는 매우 부유한 아버지가 있다.

두 문장이 한 문장으로 합쳐지게 되면, 자연스럽게 주된 문장은 주절이 되고, 부수적인 문장은 종속절이 된다. 이렇게 합쳐지는 문장의 종속절 대명사가 주격이면 관계대명사도 주격으로, 대명사가 소유격이면 관계대명사도 소유격으로, 대명사가 목적격이면 관계대명사도 목적격으로 써준다. 자세한 각각의 경우를 이어지는 예문들에서 확인하기 바란다.

1. 사람

He is the man who lives next door. - 주격
그는 이웃집에 사는 사람이다.
A doctor examined the astronauts who returned
from space today.
의사가 오늘 우주에서 귀환한 비행사들을 검진했다.

I have a friend who helps me.

나는 나를 도와줄 친구가 있다.

He is the man whose car was stolen. - 소유격

그가 차를 도난 당한 사람이다.

She is the girl whose name is Mary.

그녀는 Mary라는 이름의 소녀이다.

He is the man whom I met on holiday. - 목적격

그가 내가 휴일에 만난 사람이다.

She is the girl whom Tom loves.

그녀가 Tom이 사랑하는 여자이다.

2. 사물

This is the photo which shows my house. - 주격

이것이 나의 집을 보여주는 사진이다.

This is the cat which caught the mouse.

이것이 쥐를 잡은 고양이이다.

I have a building the roof of which is red. - 소유격

나는 빨간 지붕의 건물을 가지고 있다.

This is the photo which I took. – 목적격

이것이 내가 찍은 사진이다.

The picture which he painted is beautiful.

그가 그린 그림이 아름답다.

3. 사람 & 사물

The girl and the dog that were passing were run over by a car. – 주격

지나가던 소녀와 개가 차에 치였다.

She is the most beautiful girl that I have ever met.
– 목적격

그녀는 이제껏 내가 만난 중에서 가장 아름다운 여자이다.

제2항 관계부사

문장 내에 절이 있고, 이러한 절이 장소, 시간, 이유, 방법 등을 나타내는 선행사를 꾸밀 때, 이 절을 이끄는 접속사 겸 부사 역할의 단어를 관계부사라고 한다. 이 경우 관계부사가 이끄는 절은 형용사 절이 되어 명사인 선행사를 수식한다.

1. 장소

This is the village where I was born.

여기가 내가 태어난 마을이다.

Do you remember the place where we first met?

너는 우리가 처음 만났던 장소를 기억하니?

2. 시간

I can't forget the day when my father died.

나는 아버지가 돌아가신 날을 잊을 수가 없다.

Autumn is the season when trees bear fruits.

가을은 나무들이 열매를 맺는 계절이다.

3. 이유

Tell me the reason why she was absent from school.

그녀가 학교를 결석한 이유를 말해다오.

Do you know the reason why she refused your proposal?

그녀가 당신의 제안을 거절한 이유를 아십니까?

4. 방법

This is the way how he comes to school.

이것이 그가 학교에 오는 방법이다.

나 영어 잘해! 정말이야!?

누군가가 영어를 잘 한다고 한다면, 그건 맞는 말일 수도 있고 틀린 말일 수도 있다. 보통 영어, 영어하지만, 영어라고 다 똑같은 영어가 아니다. 영어를 제법 하는 사람일지라도 의학서적에 바탕을 둔 의학 영어를 제대로 하라면 그가 정말로 막힘 없이 잘 할 수 있을까? 이는 법률영어, 건설영어, 특허영어, 화학영어, 저널리즘영어, 무역영어, 등 많은 분야에 걸쳐 공통된 이야기이다.

모든 지식에 전문성이 있듯, 영어도 마찬가지이다. 그러니 영어 잘한다고 뽐낼 일도 아니고, 영어 못한다고 기죽을 일도 아니다. 기본적으로 무난한 영어, 전문 영역으로 들어가기 이전 단계의 영어는 누구나 쉽게 익혀 사용할 수 있다. 그리고, 모두가 모든 분야의 전문영어에 전문가가 되려고 애쓸 필요는 없다. 물론, 애쓴다고 될 일은 더더구나 아니다.

제3절 | 부사절과 낭만

명확하게 주어나 목적어, 보어로 쓰이는 명사절도 아니고, 명확하게 어떤 명사를 수식하는 형용사절도 아니면, 그건 모두 다 부사절이다. 다시 말해, 분위기를 띄우고, 뭔가 무드를 조성하는 낭만 덩어리가 부사절이다. 예문으로 제시되는 부사절들을 보면 부사나, 부사절들이 이러한 역할을 하는구나 하고 느낄 수 있을 것이다. 조건, 이유, 양보, 상황 등을 설정하는 역할 말이다.

부사절을 유도하는 접속사에는 after, although, as, because, before, (even) if, than, (even) though, until, whey, whether 등 다양하다.

Though she is beautiful, I don't like her.
비록 그녀가 예쁘지만, 나는 그녀를 좋아하지 않는다.
Whether you know it or not, you're marketing
yourself every day.
부지불식간에, 너는 매일 자신을 마케팅하고 있다.
And I sure do hope that you feel like I do.
그리고 난 내가 느끼는 것처럼 너도 느끼기를 확실히 바란다.
He gives me love, more love than I have ever seen.
그는 이제껏 내가 본 어떤 것보다 커다란 사랑을 준다.

접속사가 절 덩어리를 이끌지만, 그 접속사 자체가 덩어리 형식인 것으로 이해해야 할 만한 접속사류가 있다.

As far as I know, it is not true.

내가 아는 한, 그것은 사실이 아니다.

No matter what you say, I will go.

네가 뭐라 하든 나는 가겠다.

No matter when she come back, I will accept her.

그녀가 언제 돌아오든, 나는 그녀를 받아들일 것이다.

소금기를 빼라

영어를 요리와 비유할 때, 영어가 요리보다 쉬울 수도 있다. 예를 들어 명사를 소금에 비유했는데, 소금기를 빼고 소금을 요리에 쓸 수는 없지만, 명사는 명사 기능을 빼고 마늘과 같은 동사로 활용할 수 있다. 예를 들어보자.

Don't touch his head. 그의 머리를 만지지 마라.
He headed for Europe. 그는 유럽으로 향했다.

명사 head를 동사로 전용할 수 있다. 영단어 품사는 사용자가 용도를 만들어 쓰기 나름이다. 요리는 장시간의 숙련을 통하여만 익힐 수 있고, 설령 익혔다 해도 계속 힘든 노동력이 뒷받침되어야만 수행될 수 있지만, 영어는 한두 시간이라는 단기간 내에 익힐 수 있고, 이후 활용하는 데에도 그다지 힘든 수고 없이 활용하고 열매를 수확할 수 있는 아주 착한 학습 내지 숙련 주제이다.

제4절 | 전치사와 접속사의 경계

때에 따라서는 전치사로 쓰이면서 접속사로도 쓰이는 경우도 있다. 뒤에 명사 상당어구를 동반하면 전치사, 절 형태를 동반하면 접속사로 역할이 바뀐다. 그런 면에서도 전치사와 접속사는 일맥상통하는, 사이 좋은 이웃집 품사이다.

이렇게 명사 내지 상당어구 결합하여 형용사구나 부사구를 만드는 전치사와 절을 동반하여 명사절, 형용사절, 부사절을 만드는 종속 접속사 사이의 경계는 어디쯤일까? 이 두 품사류는 역할은 비슷한데, 덩치와 기능면에서 접속사가 좀더 크고 많은 성능을 나타낸다고 보면 크게 문제가 없다. 경우에 따라서는 같은 단어가 전치사와 접속사의 기능을 병행하여 수행하고 있다. 예를 보자.

〈표 14〉 단어 like의 각 품사별 기능

품사별	사용 예문
전치사	Someone like you 당신 같은 누군가 Do it like this. 이와 같이 해라.
접속사	I cannot do it like you do. 나는 당신이 하는 것 같이는 못하겠다.
동사	I like you. 나는 당신을 좋아한다.
명사	Mix with your like. 유유상종해라.
형용사	I cannot cite a like instance. 나는 비슷한 사례를 인용할 수가 없다.
부사	He looks angry like. 그는 어쩐지 화난 것 같다.

〈표 15〉 단어 as의 품사별 기능

품사별	사용 예문
전치사	He treated me as a child. 그는 나를 어린아이처럼 취급한다. It can be used as a knife. 그것은 칼처럼 사용될 수 있다.
접속사	You may dance as you please. 너는 네가 좋은 대로 춤춰도 좋다. As I entered the room, they applauded. 내가 방에 들어가자 사람들이 박수를 쳤다.

〈표 16〉 단어 since의 품사별 기능

품사별	사용 예문
전치사	I have eaten nothing since yesterday. 나는 어제부터 아무것도 먹지 못했다. He has lived in America since 1980. 그는 1980년 이래 미국에서 살아왔다.
접속사	She has moved house six times since she came here. 그녀는 여기로 온 이래 여섯 번이나 이사를 했다.

이상의 예에서 본 바와 같이 전치사와 접속사의 영역이라는 것이
절대적으로 엄격하지 않고, 기능상으로 유사한 부분이 있음을 염두
에 둘 필요가 있다. 품사의 기능적 차원에서도 전치사와 접속사가 엇
비슷하지만, 똑같은 단어가 전치사와 접속사의 영역을 넘나들며 활
동한다는 차원에서도 그렇다.

전치사와 접속사의 영역을 다시 무기에 비유해 보자. 전치사가 소총과
같은 개인 화기에 비유한다면, 접속사는 전차, 대포와 같은 중량화기라고
하겠다. 그런데 유탄발사기처럼 개인화기이면서 동시에 중량화기의 기능
을 겸한 것도 있다. 위에서 예로 든 like, since, as 등이 그러한 경우이다.

결정적 시기 CPH & LAD

CPH는 Critical Period Hypothesis의 두문자어로서 〈결정적 시기 가설〉이라는 이름으로 통칭되는 린느버그 Linneberg의 이론이다. 이와 비슷한 것으로 LAD, 즉 Language Addiction Device 〈언어습득장치〉 이론도 있다. 모두 새로운 언어를 습득하는 데에는 결정적인 시기가 있다는 가설 내지 이론으로서, 언어학적으로 상당히 설득력이 있는 듯하다. 발음 부분에 있어서는 특히 그런 것 같다. 하지만 반기문 유엔 사무총장의 경우를 보더라도 발음은 영어로 하는 소통에 전혀 문제가 되지 않는다.

이론의 내용은 이렇다. 사람의 언어습득에는 결정적 시기가 존재하고, 그 시기가 대략 10세 전후라는 것이다. 그런데 이 결정적 시기의 의미는 그 시기 이후에는 새로운 언어의 습득이 불가능하다는 것이 아니라, 소위 원어민스럽게 특정 언어를 구사하느냐 아니냐의 분수령이 된다는 의미이다.

외형상으로는 발음 수행 Performance능력이 주요 징표이겠다. 하지만, 실제적 핵심은 문장 구성이 본능적으로 이루어지느냐, 아니면 의식적인 노력으로 만들어내느냐가 결정되는 시점이라는 것이다. 다시 말해, 동물적 감각으로 자연스럽게 언어를 구사하느냐, 아니면 의식적으로 무던히 노력하여 발화와 작문을 해내느냐의 경계선이라는 말이다.

부득이, 이 결정적인 시기 이전에 영어학습이 완성되지 않았다면, 이제 후천적 언어습득방법을 시도하는 것이 불가피하게 된다. 본서를 포함한 대부분의 학습서가 이러한 학습자를 위한 안내서인 것이다.

그런데. 이들 학습자들이 갖고 있는 많은 오해가 무조건 영어권으로 가기만 하면 영어가 제대로 되는 줄 안다는 것이다. 본인의 두뇌에 영어 구사의 틀이 형성되어 있지 않으면, 사실 영어 환경에 들어가더라도 별 소득 없는 헛수고일 가능성이 높다. 밑 빠진 독에 물을 아무리 부어도 결국 물은 차오르지 않는다.

한국에서나 영어권에서나 일단 항아리를 제대로 갖추는 것이 우선이다. 본서를 제대로 읽고 소화하는 것은 그야말로 튼실한 독을 하나 가지는 것과 같다. 그러면 이제부터 영어샘물을 얼마든지 길어 담을 수 있다. 15,000원 정도의 책 한 권으로 완성될 영어를 굳이 수천 만원 들여 습득할 하등의 이유가 없다. 일단 15,000원 짜리 영어 항아리 하나로 마중물을 마련하면 언제나 어디서나 영어 우물물을 길어 올릴 수 있다는 얘기다. 이제 독자 여러분이 시험해 볼 차례이다.

바로 가능 영어

Hamburger English

6

6장

접사를 알면 창과 방패 다 가진 만능 어휘선수

영어가 품사와의 싸움이라는 말은 다시 말하면, 어휘력과의 싸움이라는 말도 된다. 예를 들어보면 간단히 이해할 수 있다. '행동하다' 라는 동사 'act'는 알고 있으면서, 그 동사의 명사형 'action'은 모르는 사람이 있다. 아니면 act와 action을 별개의 단어로 생각하는 경우도 있다.

이렇게 각각의 품사가 서로 밀접하게 연결되어 있는 하나의 가족이라는 사실을 피부에 와 닿게 이해하지 못하거나, 한 가족 구성원으로 활용하지 못하면 어휘력은 늘 한계에 부딪히고, 영어 실력도 향상될 수가 없다. 필요할 때 무한한 도움의 원천이 되는 것이 피붙이 가족이듯이, 영어 단어의 세계에서도 가족 단어를 적극적으로 그리고 유용하게 활용할 수 있어야 영어 무림의 고수가 될 수 있다.

어휘력과 단어 암기

단어를 몰라 영어를 못한다는 잘못된 생각이 넓게 퍼져 있다. 또 한 가지 단어에 대한 편견이 단어는 공책에 빼곡히 낙서해가며 외우는 것이라고 생각하는 영어 열등생들의 고정관념이다. 하지만 어휘력은 그렇게 늘어나는 것이 아니다.

어휘력을 제대로 늘리는 유일한 방법은 수준에 맞는 영어 원서를 꾸준히 읽는 것이다. 그러면서도 놓치지 말아야 할 점이 있다. 어휘력을 늘리기 위해 원서 독서를 하는 것이 아니라, 저자가 창조해낸 콘텐츠를 습득하는 과정에서 부산물로 얻는 것이 어휘력이라는 자산이다. 그리고 그렇게 얻는 어휘력이라야 살아있고 힘 있는 참 어휘력이 된다.

본말이 전도되면 결과도 전도되어 버릴 수 있다. 뒤집어지면 건질 수 있는 열매가 더 적어짐은 불문가지이다.

제1절 | 어휘력은 단편이 아닌 원리의 정복으로

각각의 단어들은 명사, 동사, 형용사, 부사 사이를 마치 자기집의 다른 방 드나들 듯이 왔다 갔다 한다. 각각의 가족 구성원들이 한 식구이라고는 해도 약간 다른 옷을 입고 살듯이, 영어 단어들도 그저 모양새의 일부가 약간 다를 뿐 기본 골격은 아주 유사하다. '제3장 동사의 변신' 편에서 설명하였듯이, 어휘적으로는 동사가 양적인 면에서 가장 풍요로움을 자랑한다. 그러한 이유로, 동사의 기본형을 중심으로, 주로 접미어라는 어미 변화를 통하여 다른 품사로 옷을 갈아입게 된다.

그러니 이제부터라도 개개 단어들을 개별적, 단편적으로 암기하기보다는 단어가 구성되는 원리의 정복을 통하여 어휘력을 폭발적으로 확장시켜야 한다. 각개 전투나 백병전보다는 융단폭격 같은 대량공세의 소유자가 영어 전쟁의 승리자가 될 수 있다.

〈표 17〉 품사간의 변화와 활용

↓ 명사 action	← 동사 act
형용사 active →	부사 actively ↑

이러한 원리를 활용하여 심하게 표현하면 다음과 같은 문장도 가능하다.

He acts active action actively.

그는 활동적인 행동을 역동적으로 행한다.

She informs me of informative information informatively.

그녀는 나에게 알 필요가 있는 정보를 기술적으로 알려준다.

이러한 예문이 보여주는 시사점은 개별 단어마다 품사가 유일하게 고착되어 있다는 고정관념을 버려야 한다는 것이다. 심지어는 똑같은 단어가 완전히 다른 품사로 쓰이기도 한다.

You head for Seoul, but I have different idea in my head.

너는 서울로 향하지만, 나는 머릿속에 다른 생각을 가지고 있다.

The company services well-organized after-sales service.

회사는 잘 짜여진 사후관리 서비스를 서비스한다.

앞의 head는 동사이지만, 뒤의 head는 명사로 쓰였다. service가 앞에서는 동사로, 뒤에서는 명사로 쓰이고 있다. 따라서, 어느 한 단어를 알고 있으면, 이를 바탕으로 다른 품사로 전용하여 쓸 줄 알아야 하고, 이러한 기술을 제대로 활용하면 어휘력을 500% 이상 확장시킬 수 있다.

우리가 들고 다니는 영어사전은 엄청 두껍지만, 이 사전 안에는 각각 독립적인 단어들로만 가득 차 있는 것이 결코 아니다. 그 안에는 한 가족 구성원이라고 할 수 있는 동사, 명사, 형용사, 부사형이 제각각 들어가 있어서 그렇게 두꺼운 것이다. 대표적인 예를 표로 정리하였다.

〈표 18〉 가족 단어의 사례

동사	명사	형용사	부사
accept	acceptability	acceptable	
achieve	achievement	achievable	
add	addition	additional	additionally
adjust	adjustment	adjustable	adjustably
agree	agreement	agreeable	agreeably
amend	amendment	amendable	

위의 견본은 대표적인 것들의 예시에 불과하다. 필자는 이러한 가족 단어들을 특별히 범주화하여 '어휘력 500% 늘리기' 라는 서명으로 출간한 바 있다. 부족한 어휘력을 신속하게 보완할 필요가 있을 때 특히 유용한 자료집이 된다. 필자 또한 영어독서모임을 인도하거나 영문 자료를 준비하다가 특별한 단어에 마주치면, 그 단어가 자료집에 반영되었나 아닌가를 재확인하며, 늘 업데이트를 진행하고 있다. 책을 쓰고, 독서클럽을 운영하면서 느끼는 재미있는 점은 이 모든 과정에서 가장 많이 배우는 수혜자가 바로 필자 자신이라는 것이다.

제2절 | 단어의 구성원소

어떤 한 단어를 좀 더 세밀하게 분해하면 중심 성분이라고 할 수 있는 어근(語根, root)과 어근 앞부분의 접두어(接頭語, prefix) 그리고, 어근 뒷부분의 접미어(接尾語, suffix)로 나눌 수 있다. 접사 또는 접어란 이러한 접두어와 접미어를 의미한다. 품사전환과 의미 확장 기술은 주로 접사를 활용하는 것에서 비롯된다.

〈표 19〉 단어의 구성 성분

하나의 단어		
접두어	어근	접미어
prefix	root	suffix
의미 변화	의미 중심	품사 전환
Mis	understand	ing
오誤	해解	하기

접두어는 주로 의미의 확장이나 변화를 유도하고, 접미어는 품사의 전환을 유도한다. 그런 까닭에 본 장에서는 접두어를 활용한 의미 변환을 통하여 어휘력을 확대시키는 방법과 접미어를 통하여 품사를 전환시키는 방법을 모두 습득하게 될 것이다. 물론 아주 특별하게 접두어가 품사의 전환을 유도하는 경우도 있고, 접미어가 약간 의미의 전환을 유도하는 경우도 있지만, 이는 특수한 경우에 한정된다고 할 수 있다.

한국어는 어원상으로 라틴어와는 뿌리가 너무 달라서 라틴어 어근은 우리에게 참으로 친숙하지 않다. 일부 어휘력 강화 참고서에서는 라틴어 어근을 중심으로 어휘력 증강에 접근하는 경우가 있다. 서양 학생들에게는 그러한 방법론이 유용할지 모르겠으나, 우리 학습자들에게는 그리 바람직하지도, 추천하고 싶지도 않다. 예를 들어, 진행성을 나타내는 −cede를 어근으로 하는 단어들을 보자.

〈표 20〉 어근을 통한 어휘력 접근

어근	의미	접사 활용
concede	용인하다	con− : together
intercede	중재하다	inter− : between
precede	선행하다	pre− : before
recede	물러가다	re− : back
secede	탈퇴하다	se− : apart

의미의 변환을 주는 접두어들은 제 역할을 잘 하고 있지만, 어근의 어감은 우리에게 여전히 오리무중의 느낌만 준다. 동양 언어의 근간을 이루는 한자어 어근을 이용한 원리라면 차라리 공감할 부분이 많아 보인다. 하지만 영어의 경우는 아니다. 예를 들어, 진進자를 바탕으로 한 진입, 진출, 행진, 전진, 후진, 진군, 선진, 진행 등의 어감을 유추한다거나, 식食자를 바탕으로 한 취식, 식전, 식후, 식사, 식습관, 배식, 식탐, 식곤증 등에서 어근의 의미를 활용하는 경우처럼 말이다.

결과론적으로 이번 장에서 접미어를 통한 품사변환으로 어휘력을 400~500% 늘릴 수 있다. 접두어 활용을 통하여서도 어휘력을 300~400% 확장할 수 있다. 그리고 본서의 '제3장 동사의 변신'에서 설명한 부정사(명사, 형용사, 부사), 동명사(명사), 분사(

형용사), 분사구문(부사)을 통한 품사전환을 통하여서도 어휘력을 600~700% 확대할 수 있다. 아울러, 제4장에서 설명한 '전치사 + 명사'를 통한 형용사, 부사로의 전환으로도 어휘를 500~600% 증가시킬 수 있다. 그리고 제5장 접속사를 이용한 명사절, 형용사절, 부사절을 활용해서도 400~500% 어휘를 늘릴 수 있다. 이와 같은 여러 가지 기술을 통하여 실제로 어휘력을 거의 무한대로 확장시킬 수 있다.

〈표 21〉 어휘력 확대 기술과 기대효과

기술별	신생 결과물	기대효과
접미어 활용 (품사 변환)	명사, 형용사, 동사, 부사	400–500%
접두어 활용 (의미 전환)	명사, 형용사, 동사, 부사	300–400%
부정사	명사, 형용사, 부사	600–700%
동명사	명사	
분사	형용사	
분사구문	부사	
전치사 결합	형용사, 부사	500–600%
접속사 결합	명사, 형용사, 부사	400–500%

이러한 주장이 결코 과장이 아니라는 것은 본서의 각 장에서 설명하고 있는 내용으로 충분히 납득될 것이다. 기본적으로 동사 act, 명사 action, 형용사 active, 부사 actively 등의 예에서와 같이 −tion, −ive, −ly라는 접사 어미를 통한 다른 품사로의 활용을 통하여 상당한 정도의 어휘확대가 가능하다. 아울러, 같은 동사라도 act 에서 activate, actuate, actualize 등으로 활용할 수 있고, 명사도

action, acting, activation, activator, activity, actor, actress, actualist, actuality, actuator 등으로 다양하게 활용이 확대될 수 있는 점을 고려하면 위의 표와 같은 활용률 주장은 결코 무리한 과장이 아니다.

심지어 접두어 un-의 활용만으로도 엄청난 수의 반의어 창출이 가능하다. 사전 편찬의 새로운 장을 연 새뮤얼 존슨Samuel Johnson은 re-나 un-으로 재창출되는 어휘가 너무나 많아서 이러한 단어들은 아예 실을 엄두조차 못 낼 정도였다. unable, unallowable, unarmed, unbalance, unbelievable, uncertain, unclean, uncommon, unkind 등 접두어 활용만으로도 사전 하나를 편찬할 정도이다. rearrange, rebuild, reconsider, reconstruct, remarry, reopen, replay, rewrite 등의 경우도 마찬가지이다.

영어 학습이 품사와의 전쟁, 어휘력과의 싸움이라는 면에서 본서는 가장 강력한 무기를 제공하고 있다. 이를 위한 품사의 개념에 대한 올바른 이해, 어휘력 확대 기술과 아울러, 여러 가지 핵심적인 문법기술까지 제공하는 것이 본서의 목표이다. 이러한 지식은 상호 유기적으로 연결되어 있다. 재삼 강조하거니와, 본서를 통한 품사, 어휘력, 문법 지식으로 얻을 수 있는 영어학습의 시너지 효과는 정말로 특별한 과실이다. 이러한 열매는 이제 모두 독자들의 것이다.

<표 22> 어휘력 500% 늘리기

동사	명사	형용사/부사
Act 행동하다 Activate 작동시키다 Actuate 작용시키다 Actualize 현실화하다	Activity 활동, 활약 Actionist 행동파 Activist 활동가 Acting 연출, 연기 Activation 활성화 Activator 활성제 Activism 행동주의 Actor, Actress 배우 Actualist 현실주의자 Actuality 현실, 실재 Actualization 현실화 Actuator 작동장치	Active 활동적인 Actual 현실의 Actable 상연할 수 있는 Actionless 움직임 없는 Actionable 기소가능한 Acting 연출용의 Activated 활성화된 Actively 활발히 Actually 실제로, 참으로
Clean 깨끗하게 하다 Cleanse 깨끗이 하다	Cleaner 세제, 청소기 Cleanser 세제 Cleaning 청소 Cleanliness 청결 Cleansing 정화	Clean 깨끗한 Cleansing 씻는 Cleanly 청결하게
Defend 막다	Defendant 피고 Defender 방어자 Defense 방위, 방어	Defenseless 무방비의 Defensible 방어 가능한 Defensive 방어적인

외국어 학습자에게 있어 어휘력은 어쩌면 전쟁터에서의 총알과 도 같은 것이다. 표현상의 유창함과 다양성을 보증할 수 있는 언어기술이 폭넓은 어휘력이다. 그런 의미에서 합리적으로 제시된 어휘력 확대 방법은 필히 섭렵해 두어야 할 부분이다.

이러한 원리는 비단 영어에만 존재하는 것이 아니다. 우리말의 경우에도 이미 알고 있는 단어 개념에 가(假)-, 극(極)-, 내(耐)-, 몰(沒)-, 무(無)-, 미(未)-, 반(反)-, 부(不)-, 비(非)- 등의 접두어를 붙여 어휘를 확장하는 것이 다반사이다.

〈표 23〉 우리말 접두어의 예

접두어	Prefix	사례
몰(沒)–	Non–,	몰상식, 몰염치, 몰이해
무(無)–	Un–	무감각, 무능력, 무조건
미(未)–	Un–	미수금, 미숙련, 미완성
반(反)–	Anti–	반민족, 반민주, 반정부
반(半)–	Semi–	반도체, 반자동, 반제품
부(不)–	Im–	부자유, 부적절, 부적합
불(不)–	Im–, dis–	불가능, 불구속, 불만족
비(非)–	Un–	비공개, 비공식, 비과세
초(超)–	Super–	초강력, 초경량, 초능력

또한, –관(觀), –권(權), –성(性), –적(的), –주의(主義), –화(化) 등의 접미어 개념을 활용하여 단어 표현 능력을 무한히 확대할 수 있는 원리가 일상적으로 사용되고 있다.

〈표 24〉 우리말 접미어의 예

접두어	Prefix	사례
–가(家)	–ist,–ian	미술가, 소설가, 예술가, 음악가, 평론가
–학(學)	–ics, –logy	경제학, 물리학, 사회학, 심리학, 철학
–권(權)	–ship	대표권, 소유권, 이용권, 회원권, 기본권
–성(性)	–ibility	가능성, 성장성, 생산성, 수익성, 효율성
–원(員)	–er, –ant	검사원, 연구원, 조사원, 지도원
–화(化)	–ization	근대화, 국제화, 세계화, 조직화, 현대화
–적(的)	–ic, –ical	가정적, 감정적, 개인적, 국제적, 객관적

영어에서 접미어를 통하여 이루어지는 품사전환의 가장 대표적인 경우라 할 수 있는 명사화 접미어의 사례를 먼저 살펴보자.

〈표 25〉 명사화 접미어 활용 사례

접미어	활용 예
−ability	acceptability, approachability, durability, possibility
−al	approval, arrival, denial, proposal, removal, survival
−er	beginner, buyer, calculator, carrier, computer, singer
−ing	accounting, booking, briefing, building, dancing, landing
−tion	action, addition, animation, connection, correction
−ist	artist, economist, idealist, pianist, stylist, terrorist, tourist
−ment	achievement, adjustment, advertisement, agreement
−ness	darkness, happiness, kindness, loneliness, loveliness

여기서 더 확장하여 품사 중에서 가장 역할이 커다란 4대 품사라 할 수 있는 명사, 동사, 형용사, 부사로 전환시키는 접미어의 대표적인 용례를 정리하여 본다.

〈표 26〉 품사전환 접미어 용례

종류별	사례
명사화 접미어	possibility, arrival, assistance, beginner, buyer, marketing, addition, advertisement, happiness, friendship, leadership
형용사화 접미어	possible, additional, beautiful, graphic, amazing, active, careless, endless, ambitious, dangerous, lucky
동사화 접미어	fasten, tighten, shorten, diversify, justify, notify, advertise, apologize, digitalize, energize
부사화 접미어	abruptly, absolutely, basically, deeply, finally, generally, naturally, nearly, newly, normally, officially, particularly

이러한 원리를 그대로 전체 영어 어휘에 적용하여 만든 위의 두 어휘 서적은 독자들에게 꼭 필요한 어휘확대 자료집이 될 것이라고 확신한다. 자세하고 깊이 있는 내용은 앞에서 말한 책자를 참조바라며, 이어지는 절에서는 그 원리에 충실한 사례 몇 가지만을 싣기로 한다.

TIP #38

사전의 두께에 절대 기죽지 마라!

문법은 대충 아는데 단어를 몰라 영어가 잘 안 된다는 궁색한 변명을 하는 사람들이 많다. 이런 사람들이 갖는 고정관념이 영어사전은 원래 두껍고, 그 안에는 엄청나게 많은 단어들이 빼곡히 들어차 있다는 생각이다.

그런데 사실은 그렇지 않다. 사전에는 품사변환을 유도하는 각종 접미어가 붙은 단어들을 일일이 나열하고, 의미변환을 유도하는 온갖 접두어들이 붙인 단어를 모두 수록하고 있기 때문이다. 이렇게 접사활용이 일어난 모든 단어들을 가족단위로 묶는다면 실제 패밀리 단어별 총 어구(語口) 수는 1/20 내지 1/30로 줄어들 것이다.

그러니 이제 어휘력이 부족할지 모른다는 자괴감이나 자기부정은 잊고, 영어의 주인이 되는 탄탄대로로 힘차게 달려나가자.

제3절 | 접두어 활용

● a-

a- 이후 후속하는 중심어의 의미대로 진행됨을 나타낸다.

aboard, abroad, across, acute, afraid, ahead, align, alike, alone, along, aloud, amid, apart, around, ashamed, ashore, aside, asleep, astray, await, awake

● after-

중심어 이후의 상황을 나타낸다.

after-care, after-dark, aftermarket, afternoon, after-sales, aftershave, after-tax, after-war

● all-

중심어에 속하는 개념을 모두 포함시키고자 할 때 쓰인다.

all-around, all-day, all-knowing, all-night, all-purpose, all-star, all-star, all-time, all-weather, all-year, almighty, almost, altogether

● anti-

중심어 부분에 적대적이거나 반대되는 개념을 설정한다.

ant-arctic, antiabortion, anti-American, antibody, anticancer, anticrime, antidumping, antigovernment, antimonopoly, antinuclear, antipollution, antipoverty, antismoking, antitheft, antiwar

● be-

예외적으로, en-과 더불어 동사화를 유도하는 대표적인 품사전환 접두어이다.

befool, befriend, beguile, belittle, bemoan, besiege

● bi-

중심어의 내용이 이중, 중복, 한 쌍, 하나 건너 등의 의미로 확대되는 것을 말한다.

bicycle, bifocal, bi-functional, bihourly, bilingual, bikini, bimetal, bimonthly, bisexual, biweekly, biyearly

● co-

중심어 부분의 의미를 함께, 공동으로, 동등하게 나눈다는 의미이다.

co-agent, co-anchor, co-author, co-edit, cofactor, cooperate, co-owner, copilot, co-sign

● col-, com-, con-, cor-

위의 co-의 연장선상에 있는 개념이다. 표제의 네 가지는 용도가 다른 것이 아니고, 자음 충돌회피와 발음상의 편의성을 고려하여 적당한 형태로 결합한다.

collaborate, colleague, concurrent, contemporary, correlation

● counter-

중심어에의 대응, 반대, 보복 작용을 나타낸다.

counteract, counter-advertising, counterattack, counterblow, countermand

● de-

제거, 저하, 감소, 반대 등을 나타낸다.

deactivate, debility, debug, decentralize, defrost, degenerate, demist, devaluate

● dis-

반대, 제거, 부정 등을 나타낸다.

disability, disadvantage, disagree, disappear, disapprove, disbelief, discharge, disclosure, discomfort, discontent, discourage, dishonest, dislike, disorder

● em-, en-

접두어로서는 특이하게 의미 변화보다는 동사화를 유도하는 기능을 한다.

embody, empower, enable, enact, encircle, encode, encourage, endanger, endear, enjoy, enlarge, enlighten, enlist, enrich, enslave, entitle

● il-, im-, in-, ir-

부정의 의미를 조성한다. 역시 표제의 네 가지는 용도가 다른 것이 아니고, 자음 충돌회피와 발음상의 편의성을 고려하여 적당한 형태로 결합한다.

illegal, illiterate, impolite, impossible, impotent, improper, inability, inaccessible, inactive, inadequate, inappropriate, incapable, incompatible, incomplete, inconvenient, incorrect, independent, indifferent, indirect, inexpensive, infinite, intolerable, invalid, invisible, irrational, irregular, irresistible, irresponsible

● mis-

오류 악화 등의 부정적인 이미지를 연출한다.

miscalculate, misconduct, misfire, misfortune, mislead, mistrust, misunderstand, misuse

● non-

우리말의 '비-, 무-, 불- ' 과 같은 어감을 형성한다.

nonconformity, nondurables, nonessential, nonfiction, nonofficial, nonprofessional, nonsense nonstop, nonviolence

● over−

여분, 과도, 외부 등의 의미를 연출한다.

overcapacity, over−centralization, overcoat, overconfidence, over−drink, overexposure, overheat, overload, overtime, overwork

● pre−

앞의, 미리 등의 분위기를 만든다.

pre−election, preface, prefix, prehistoric, premature, prepay, preposition, preschool, pretax, preview

● re−

재−, 다시, 반복의 의미를 형성한다.

rearrange, rebuild, reconsider, recreate, recycle, refresh, remarry, remind, renew, reopen, reorganize, reproduce, reuse, review, revitalize, rewind, rewrite

● un-

부정, 반대의 의미를 연출하는 대표적인 접두어이다.

unable, unavoidable, unaware, unbalanced, unbearable, unbelievable, uncertain, unchained unclean, unconscious, uncontrollable, undesirable, uneasy, unemployment, unequal, unexpected, unfair, unfamiliar, unfortunate, unhappy, uninteresting, unjust, unkind, unlock, unselfish, unskilled, untie, unusual

TIP #39

Disease와 접두어 타령

접두어 성분을 동물적으로 가려내기가 쉽지 않은 경우도 있다. 통상 ease는 편안하고 안락하여 병이 가시거나 경감된 상태를 나타내는 명사 이다. 이러한 상태에 부정적 접두어 Dis-를 붙여 만든 Disease 보면서 접두어 결합까지 읽어내는 사람은 많지 않을 것이다. 어쩌면 대부분의 학습자들이 접두어 결합 개념을 아예 도외시한 채, 각각의 단어를 생면 부지 별개의 것으로 인식하며 아픔Disease 속에 접근하고 있지 않나 싶 다. 접사 활용을 통한 어휘력 증대 효과를 누려가면서 편안함ease 가운 데 어휘력을 증대할 수 있기를 바란다.

제4절 | 접미어 활용

접두어가 주로 의미의 전환을 유도하는 반면에 접미어는 품사의 전환을 유도한다. 그러고 보면 품사를 전환하는 방법은 너무나 많다. 부정사, 동명사, 분사, 분사구문 등 동사의 변신을 통한 품사 전환 기술이 있었다. '전치사 + 명사' 를 통한 방법도 있었다. '접속사 + 종속절' 을 통한 품사 확장도 있었다. 그리고, 본 절에서 설명하는 접미사 활용은 개별 단어의 품사 전환을 모색하는 기술이다.

단어에도 가정이 있다.

단어는 혼자 살지 않는다. 반드시 가족을 이루고 산다.

엄마, 아빠, 누나, 동생 단어로.

동사, 명사, 형용사, 부사가 함께 살아간다.

Act, action, active, actively

Inform, information, informative, informatively

Achieve, achievement, achievable …

때로 단어가족에도 결손가정이 있다.

엄마나 아빠가 없거나 한다. 결손은 아니지만, 딸이 없거나 아들이 없거나 하기도 한다.

또 단어에는 숙모나 숙부도 있고, 사촌, 외사촌 누나, 동생도 있다.

Actualize, activity, actual, actually 처럼.

그리고 또 단어 가정에는 입양된 자녀들도 있다. 부정사, 동명사, 분사, 분사구문, 전명구 …

추가로, 단어 가족에는 자녀가 있는 엄마, 아빠가 덩어리로 결합하기도 한다. 명사절, 형용사절, 부사절처럼.

마지막으로, 우리 주변에 다문화 가정이 있는 것처럼, 접두어라는 성격이 다른 사람이 한 가정을 이루기도 한다. misunderstand, disadvantage, unbelievable처럼. 언어도 세상살이를 반영하는 걸까?

제1항 명사화 접미어

접미어 중에는 명사화시키는 접미어의 활동이 가장 활발하다. 비중에 있어서도 동사로부터 명사화되는 경우가 가장 많다. 많은 접미어형 중에 어떤 접미어형과 결합하는가 하는 점은 학문적 발달사까지 깊이 들어가야 하는 부분이다. 예를 들어, 똑같은 접미어라도 어떤 때는 −ment가 붙고, 어떤 때는 −tion이 붙고, 또 어떤 때는 −ance 등이 붙는다. 이러한 이유는 라틴어, 로망스어, 고대 독일어 등 유래가 된 언어로부터의 영향이 컸다는 정도로만 알아두자.

아울러, 똑같은 의인화, 도구화 접미어라 해도 어떤 때는 −ar이, 어떤 때는 −er이, 그리고 어떤 때는 −or이 붙는다. 이러한 경우도 같은 이유, 같은 배경이 있었다고 이해해두자.

■ −ability, −ibility

성능, 특성에 관한 명사화를 유도한다.

acceptability, capability, durability, feasibility, flammability, flexibility, marketability, possibility, responsibility, sensibility, stability

■ −age

행위, 작용, 결과 등을 나타낸다.

anchorage, brakeage, breakage, carriage, coverage, leakage, linkage, marriage, package, passage, sinkage

■ −al

주로 동사의 명사화를 유도한다.

approval, arrival, burial, denial, deposal, proposal, refusal, rehearsal, removal, renewal, revival, survival, trial, withdrawal

■ −ance, −ence, −ancy, −ency

상태, 성질, 정도 등의 명사화를 유도한다.

abhorrence, accordance, acquaintance, appearance, assistance, assurance, avoidance, confidence, currency, efficiency, emergency, endurance, entrance, guidance, ignorance, inconvenience, independence, occurrence, performance, preference, resistance, tendency, tolerance, urgency

■ −ant, −ent

어떤 동작이나 작용을 하는 사람이나 사물, 제품 등을 가리킨다.

accelerant, accountant, applicant, assistant, attendant, consultant, coolant, emigrant, lubricant, pollutant, resistant, sealant, servant, stimulant, student, toxicant

■ −ar, −er, −or

어떤 동작을 사는 사람이나, 의인화, 도구화의 접미어로 쓰인다. 주로 동사를 명화화한다. 활용범위가 굉장히 넓은 편이다.

absorber, accelerator, actuator, alternator, amplifier, announcer, beeper, beginner, boiler, builder, bumper, burner, buyer, calculator, carrier, cashier, catcher, cleaner, computer, consumer, container, conveyer, cooler, counselor, dancer, dealer, defroster, demister, designer, director, distributor, driver, drummer, dryer, editor, elevator, follower, foreigner, generator, heater, helper, hunter, indicator, juicer, lawyer, liar, lover, maker, manager, marketer, murderer, newcomer, officer, owner, pitcher, player, printer, producer, publisher, racer, reader, reporter, ruler, runner, savior, scanner, seller, sensor, server, shutter, smoker, sticker, teacher, toner, user, visitor, washer, winner, writer

■ −ing

동명사에서 더욱 전이되어 완전히 명사로 굳어진 경우이다.

accounting, advertising, aiming, being, blessing, booking, cleaning, clothing, coating, coloring cooking, dancing, dealing, dining, diving, drawing, drinking, driving, dumping, engineering, feeling, fighting, fishing, gambling, greeting, grouping, handling, happening, hearing, hunting, inning, jumping, killing, landing, launching, living, listening, mailing, mapping, marketing, marking, meaning, meeting, mounting, mixing, numbering, opening, packing, painting, parking, passing, planning, racing, ranking, reading, running saving, scanning, serving, shaving sightseeing, shopping, singing, skiing, sleeping, smoking, speaking, styling, swimming, teaching, timing, training, traveling, warning, wedding

■ −ion, −tion, −sion

행위, 상태, 결과 등을 유도하는 가장 대표적인 명사화 접미어이다.

abortion, acceleration, action, addition, administration,

animation, application, appreciation, association, calculation, celebration, centralization, classification, collection, collision, combination, competition, composition, conclusion, connection, construction, conversion, correction, decision, decoration, definition, deflation, discussion, division, donation, edition, election, emission, explosion, graduation, illustration, imagination, impression, inflation, investigation, objection, operation, position, preposition, purification, realization, satisfaction, succession, utilization, violation

■ -ment

상태, 동작, 결과 등을 나타낸다.

abandonment, achievement, adjustment, advertisement, agreement, amusement, apartment, appointment, arrangement, development, employment, entertainment, environment, equipment, establishment, government, harassment, judgment, movement, payment, shipment

■ -ness

성질, 상태, 정도 등을 나타내며, 형용사를 명사화시킨다.

crashworthiness, darkness, happiness, kindness, laziness, politeness, sadness, sickness, smartness, softness, uniqueness, thickness, weakness

TIP #41

쉬운 단어 vs. 어려운 단어

언어가 환경의 산물이란 걸 알 수 있는 건 그리 어렵지 않다. 우리가 사전을 펴보면 어떤 단어는 알고 어떤 단어는 모른다. 어떤 단어가 우리가 아는 단어라는 건 그만큼 실전에서 많이 접했던 단어들인 것이고, 많이 썼던 단어들이고, 많이 쓰여지는 단어라는 말이다. 그리고 자신이 아는 단어가 많다는 건 그만큼 영어로 언어활동을 많이 했다는 뜻일 것이다.

그런데, 어떤 단어는 알고 기억하고 사용하기가 쉬운 반면에, 또 어떤 단어들은 익히려 해도 어렵고, 계속 용법이 어렴풋하기만 한 경우도 있다. 어떤 단어의 용법이 어렵다는 건, 그 단어의 용도가 꽤 난해하다는 뜻이다. 단어는 단순히 어떤 의미를 겉으로만 짊어지고 있는 것이 아니라, 내면에 그 단어로 표현되는, 의사로 전달해야 할 개념이 복잡하게 구성되어 있기 때문이다.

제2항 형용사 접미어

명사화 접미어 다음으로 쓰임새가 많은 것이 형용사화 접미어이다. 그것은 명사가 문장 구성에서 주어, 목적어, 보어 자리에 모두 오기에 당연한 결과라고 볼 수도 있다. 많은 어휘들을 접하다 보면 형용사화 접미어가 붙은 단어들은 어쩐지 형용사스러워 보일 것이다.

그리고 형용사화 접미어는 품사전환도 유도하지만, 상대적으로 어감상의 의미도 함께 제공한다. 예를 들어 -less는 little의 비교급 less에서 느껴지듯 뭔가의 부재를 암시한다. 그리고 -able은 형용사 able 자체가 갖는 가능, 능력의 어감을 제공한다. changeable, readable, acceptable 등의 경우에서와 같이 말이다.

■ -able, -ible

능력이나 적합성 등을 나타낼 때 쓰인다. 이러한 형용사들은 대부분 -ability, -ibility가 붙어 명사화되는 단어들과 공통분모를 가진다.

acceptable, adaptable, admirable, audible, available, blamable, changeable, comfortable, convertible, durable, favorable, flexible, hospitable, imaginable, incapable, incredible, intolerable, marketable, obtainable, payable, profitable, suitable, visible

■ −ful

　어근 개념이 가득하다는 의미로 형용사 full의 이미지를 떠올리면 좋을 것이다.

beautiful, careful, cheerful, colorful, delightful, faithful, harmful, hopeful, joyful, meaningful, painful, plentiful, powerful, sinful, skillful, wonderful, youthful

■ −ic, ical

　특정한 단어의 경우 −ic, −ical 중 어느 한 형태만으로 쓰여 둘 중 다른 어미를 붙일 경우, 어색해질 수 있다. 즉, −ic와 ical은 완전하게 서로 호환되는 형태가 아니다. 또, 한 어근에 두 가지 어미 형태가 모두 쓰이지만, 어감상으로 약간 다른 경우도 있다.

alcoholic, artistic, characteristic, classical, dramatic, economic, electric, electronic, fantastic, graphic, optical, optimistic, periodical, physical, practical, romantic, scientific, statistical, systematic, technical, toxic, typical, zoological

■ −ive

　일반적인 형용사화 접미어 중의 하나이다.

abusive, active, additive, administrative, alternative, attractive, comparative, competitive, conservative, constructive, creative, defensive, destructive, digestive, directive, excessive, exclusive, executive, expensive, explosive, imaginative, incentive, negative, objective, obstructive, offensive, passive, positive, productive, progressive, protective, sensitive, subjective, talkative

■ -less

부재 내지는 한계가 없는 것을 나타낸다.

aimless, baseless, bottomless, careless, ceaseless, cheerless, countless, doubtless, endless, harmless, homeless, hopeless, jobless, keyless, mannerless, needless, reckless, regardless, stainless, topless, wireless

■ -ous

형용사적 특성이 풍부히 배어 나오는 접미어이다.

ambitious, anonymous, continuous, dangerous, famous, glorious, harmonious, humorous, industrious, jealous, luxurious, nervous, poisonous, prosperous, religious, spacious, various, vigorous, zealous

■ −y

주로 명사를 형용사화시키는 접미어이다.

bloody, cheery, chilly, cloudy, dirty, faulty, foggy, funny, greedy, hairy, healthy, juicy, lucky, moody, muddy, noisy, oily, rainy, risky, shiny, silky, sporty, sunny, wealthy, worthy

본전 생각

〈이계양의 한시간 완성 영어정복 콘서트〉를 하면서 여러 가지 경험을 하게 된다. 그 중에 가장 커다란 비중은 세미나 참가비에 관련된 것들이 다. 꼭 '조금만 들어보고 지불 결정을 하게 해 주세요' 하며 강의에 임 하는 사람들이 있다. 이들이 참가비를 사전에 지불하는 사람들과 마음가 짐에서 어떻게 차이가 나는지를 강사는 피부로 실감할 수 있다.

사전 지불한 사람들은 열심히 하나라도 더 파악하려 애쓴다. 그걸 느 낄 수 있다. 그런데 아직 돈을 안 낸 수강생들은 묘하게 다른 반응을, 그 것도 지속적으로 내보인다. 줄기차게 심기가 불편한 기색을 드러낸다. 도 중에 일어나 나가버리는 사람도 있다. 통계적으로 그리고 경험적으로 두 부류의 반응은 극명하게 다르다. 사전 미지불 쪽의 태도가 나쁘다는 얘 기가 아니다. 사람의 심리가 어떻게 달라지는지에 대한 얘기를 하고 싶 은 것이다.

사람은 돈을 이미 지불하고 나면 조금이라도 본전을 더 뽑으려고 열 심을 내게 된다. 그런데 돈을 안 내고 강연에 임하면 본전을 더 많이 뽑 고 돈을 꼭 내겠다는 생각보다 어떻게든 불만족스러운 자신을 만들고, 그로 인해 자신이 돈을 내기를 거부하는 쪽에 설 수 있는 합리적 꼬투리 를 찾아내려는 마음으로 돌아서게 된다. 지불하는 금액이 얼마나 큰지는 상관없다. 어떤 금액일지라도 아깝게 느껴진다. 가성비가 실제로 얼마나 좋은지에 대한 판단 쪽은 완전히 사라지고, 갑작스럽게 원인 모를 피해 의식이 돌발하고, 이제부터는 그런 피해에서 빨리 벗어나야겠다는 생각 에만 사로잡히게 된다.

이러한 본전 생각에 대한 역설은 그런 피해의식에 사로잡혔던 사람이 훗날 강단에 서게 돼도 똑같이 체험할 수 있는 부분이다. 그의 청중들도 사전에 돈을 낸 사람과 안 낸 사람은 각기 다른 반응을 보이는 것을 체험하면 많이 놀라게 될 것이다. 강사나 주최자로서는 이런 청중은 아예 포기하고 거부하는 것이 올바른 방향이다. 강사가 미련을 갖고 제아무리 열강을 해도 이들은 결국 마음을 접을 것이며, 삐쳐 돌아가는 그 청중으로부터 받는 모욕감에 강사도 분명 치를 떨게 될 것이다. 그런 경험이 쌓이다 보면, 그도 이제는 그런 잠재고객을 아예 불량고객으로 바라볼 수 있는 안목 내지 식견을 갖게 된다. 인간은 원래 그런 존재인 것을 미리 몰랐을 뿐이다.

제3항 동사화 접미어

동사화 접미어는 그리 많지 않은 편이다. 이는 어쩌면 동사가 다른 품사들보다 잘 발달되어 있어서 그렇다고도 할 수 있다. −ize가 가장 쓰임새가 높고, 그 다음이 −fy, −en 정도이다.

■ −en

주로 형용사를 동사화시키는 접미어이다.

brighten, darken, deepen, fasten, frighten, hasten, lessen, loosen, ripen, shorten, soften, sweeten, tighten, whiten, worsen

■ −fy

많지 않은 동사화 접미어에서 요긴하게 쓰일 수 있는 접미어이다.

amplify certify, classify, diversify, falsify, identify, justify, purify, simplify, unify

■ −ize, −ise

가장 대중적인 동사화 접미어이다.

actualize, apologize, centralize, civilize, computerize, criticize, digitalize, dramatize, energize, finalize, generalize, globalize, harmonize, industrialize, initialize, liberalize, localize, memorize, minimize, modernize, moisturize, professionalize, publicize, realize, robotize, sloganize, socialize, specialize, standardize, summarize, symbolize, synchronize, vaporize, vitalize

제4항 부사화 접미어

부사화 접미어는 –ly 형태가 거의 전부라고 해도 과언이 아니다. 이러한 –ly 형태의 종결어미가 없는 경우라도 부사어로 쓰이는 단어들이 있기는 하다. 또 한 가지 유의할 것은 –ly로 끝났다고 모두 부사어는 아니라는 점이다. 형용사 중에도 –ly로 끝난 경우가 종종 있다. lovely, friendly 등이 그러한 예이다.

■ –ly

abruptly, absolutely, badly, basically, brightly, certainly, chiefly, cleanly, clearly, closely, considerably, constantly, continuously, critically, currently, directly, easily exactly, extremely, fairly, finally, firmly, formally, fortunately, frequently, fundamentally, generally, gradually, greatly, happily, hopelessly, idly, instantly, kindly liberally, luckily, naturally, necessarily, newly, normally, obviously, officially, partly, perfectly, personally, politely, poorly, positively, prettily, properly, primarily, quickly, rapidly, really, satisfactorily, simply, softly, steadily, suddenly, technically, ultimately, usually, weekly, willingly

비즈니스 영어 요령

비즈니스 실무 영어를 담당하다 보면 때로 어휘력의 한계에 부딪힐 수도 있다. 이때는 상대방이 사용하는 용어를 그대로 활용하는 것도 한 가지 요령이다.

How is the shipment of our order going?
우리 주문품의 선적은 어떻게 되어 갑니까?

이러한 질의가 오면 같은 용어를 사용하여 업무연락을 진행하면 된다.

The shipment of your order will be done next Monday.
귀사 주문품의 선적은 다음주 월요일에 이루어질 것입니다.

What is the terms of price?
가격조건은 어떻게 됩니까?

Our terms of price is Ex-Works (FOB, CIF, CNF).
우리 가격조건은 Ex-Works 입니다.

만일에 Ex-Works, FOB, CIF, CNF 등의 용어를 모른다면 그건 영어를 모르는 것이 아니라 무역실무용어를 모르는 것일 뿐이다. 상황이 복잡할수록 상대방이 사용하는 용어를 잘 살려서 쓰면, 어휘력의 한계도 어는 정도는 극복할 수 있다.

제5항 접미어의 특별 용법

이번 항에서는 품사의 전환에도 영향을 주지만, 그 외에도 해당 접미어 부분이 특유의 문법적 기능을 담당하는 경우가 있어서 별도로 모아 보았다.

■ –ing

동사의 원형에 –ing 접미어가 붙은 경우에는 고려할 사항이 많다. 첫째, 이러한 접미어가 붙어 목적어나 보어를 동반하며 사용되는 동명사 용법은 본 예시와는 관련 사항이 없다. 둘째, 형태는 똑같지만 서술형 형용사로 사용되는 현재분사 –ing 형태도 역시 본 항목과는 관계가 없다. 셋째, 이 형태가 동명사 기능을 넘어 완전히 명사로 고착화된 경우는 명사화 접미어 부분으로 별도로 정리하였다. 따라서 넷째, 명사 앞에 전치하며 순수하게 한정형 형용사로 기능하는 경우만 이번 항목에 예시한 단어들이 해당되는 경우에 속한다.

advertising, amazing, astonishing, boiling, boring, charming, cheering, confusing, consulting, cooking, enchanting, exciting, fascinating, following, inspiring, interesting, jumping, lacking, loving, passing, pressing, ruling, running, searching, selling, sleeping, surprising, unwilling, whispering

■ −ed

과거분사에서 더욱 발전하여 형용사로 완전히 굳어진 가운데 명사 앞에서 순수 형용사로서 기능하는 경우가 이번 항목에 해당된다. 다음 장에 나오는 수동태나 완료시제에서 활용되는 서술형 과거분사는 여기에 있는 예시와는 별개가 된다.

accepted, accomplished, accustomed, adjusted, advanced, approved, armed, attached, certified, coated, conditioned, confused, depressed, detached, devoted, diversified, excited, experienced, inspired, married, polluted, qualified, renowned, retired, seasoned, skilled, tired, unexpected, united, used, wedded

■ −er

형용사에 −er을 붙이면 비교급이 되어 더 ~한이 된다. 비교급 접미어는 최상급 접미어와 더불어 불규칙 형태도 존재한다. 이 때 비교 대상이 되는 부분은 전치사 than 이하에 서술하기도 한다. 이 때 than이 접속사로 기능하여 절이 동반되기도 한다.

His wife is stronger than him.
그는 아내보다 더 강하다.
She is taller than I am.

그녀는 나보다 더 키가 크다.

〈표 27〉 형용사의 비교급 및 최상급 접미어 어미

원급	비교급	최상급
good/well	better	best
bad/ill	worse	worst
much/many	more	most
little	less	least
old	older/elder	oldest / eldest
late	later/latter	latest / last
far	farther/further	farthest / furthest

■ −est

형용사에 −est를 붙이면 최상급이 되어 가장 ∼한이 된다. 최상급의 뒤에는 어느 가운데에서 가장 최상인지를 알려주는 범위가 〈전치사 + 명사〉 형태로 올 수 있다.

She was the best dresser of all stars.
그녀는 모든 배우들 중에서 옷을 가장 잘 입었다.

■ −s

어떤 단어를 복수화시키는 데에 사용된다. 동사의 3인칭 단수 현재 표시에도 모습은 같다.

desks 책상들

She looks happy. 그녀는 행복해 보인다.

■ −'s, −s'

어떤 명사의 소유격을 나타낼 때 붙이는 접미어이다. 명사가 s로
끝나면 그냥 '만' 붙인다.

Today's newspaper 오늘의 신문

James' brother 야고보의 형제

is, has, us를 간략하게 축소시킬 때에도 사용한다.

It's time to go. 가야 할 시간이다.

She's gone. 그녀가 떠나갔다.

Let's start. 출발하자.

〈예외 없는 법칙은 없다〉는 법칙2

일반적으로 말해 접두어는 의미의 변환을 유도하고, 접미어는 품사 즉, 용도 내지 기능의 변화를 이끈다고 했다. 그런데 세상사에 예외가 없으면 재미와 스릴도 그만큼 덜할 것이다.

아주 극소수이지만 접두어가 품사의 변환을 유도하는 경우가 있다. enable, encourage, enjoy, enlist, enrich, envision 등이 그러한 예이다.

그리고 역시 소수이기는 하지만 접미어가 의미의 변환을 유도하는 경우도 있다. careless, endless, homeless, jobless, sleepless, topless, wireless 등이 그러한 예이다. -less에서 little의 비교급 less를 떠올릴 수 있다면, 그리고 상당한 과장법의 여지를 발견해 낼 수 있다면, 그는 엄청난 영어 내공의 소유자라 할 수 있을 것이다.

바로 가능 영어

Hamburger English

7

7장

영어 신개념 내지 개념의 확장

영어의 갖가지 규칙과 개념들을 익혀가다 보면, 굳이 통섭이나 융합이라는 용어를 들먹이지 않더라도, 뭔가 새로운 개념의 도출 내지 개념의 확장을 실감하게 된다. 이번 장에서는 간략하게나마 그러한 깨달음 내지 발견이라고 이름 지을만한 원리들을 정리하여 본다.

기본적으로 그러한 발견의 대부분은 〈Tip〉이라는 타이틀 아래 각 장절에 박스로 제시하였다. 그러한 단편적 고찰보다 좀더 커다란 원리로 자리매김되어야 할 내용들을 본 장에 정리한 것이다.

이번 장에서 제시하는 개념은 기존의 문법책들이 제시하는 틀에 박힌 관념들을 한 차원 뛰어 넘는 고찰로 제기한 것이다. 일정 수준 이상의 문법적 고뇌와 고찰을 꺼려하는 독자들께서는 이번 장절을 피해 넘어가도 무방하다. 다만, 기본 문법의 언덕 너머에 펼쳐진 개념의 애초 발원지에 대한 궁금증이 있는 독자들을 위해 발걸음을 옮겨보도록 마련한 장이다.

필사의 힘

한자를 익힐 때의 일이다. 펜으로든 붓으로든 한자를 써가면서 익히면 기억하고 있는 한자를 분명히 머리 속에서 끄집어내 써내려 갈 수 있다. 그런데 이런 필사의 과정 없이 눈으로만 한자를 익히면, 눈에 보이는 한자는 읽을 수 있을지 몰라도, 보지 않고는 쓸 수가 없다.

영어도 마찬가지이다. 눈으로만 영어를 익히면 복잡한 단어들은 스펠링이 생각나지 않기가 일쑤다. 심지어 어떤 단어의 명사형이 -ence 인지 -ance인지, -er 인지 -or 인지 -ar 인지가 헷갈릴 때도 있다.

그런 의미에서 원서를 독서함에 있어서도 눈으로만, 그것도 원서나 번역서만 읽으면 정독이나 숙독이 쉽지도 않으려니와 정독, 숙독을 한다 해도 필독을 하는 것보다는 효과가 현저히 떨어진다. 여기서 필독이란 필사처럼 컴퓨터에 다시 쳐 넣어가며 읽는 방법을 말한다. 필독은 정독이나 숙독이 도저히 따라올 수 없는 몰입 독서를 가능케 한다. 심지어 번역자의 번역이 진정 제대로 된 것인지에 대한 평가까지 곁들일 수 있다.

이의 연장선상에서 요즘의 스마트 폰 세대들이 그 작은 화면으로 눈팅만 하거나 전자책 e-book으로만 책을 읽는 것은 가장 효율이 떨어지는 후진적인 독서방식이라고 감히 말할 수 있다. 눈으로만 보는 읽기는 효율이 가장 떨어진다. 소리 내어 읽으며 하는 음독은 그보다 좋은 독서법이다. 손으로 자판을 쳐가며 읽는 필독은 독서법 중에, 최고 최상의 비법이라 할 수 있다. 원문, 번역문을 이렇게 필사하며 읽는 방식은 그야말로 묵독 이상의 가치를 지닌다.

더구나 인터넷 서핑 최대, 최고의 단점은 심오한 지성의 경지에 이를 수 없다는 것이다. 인터넷을 통한 지식정보의 흡수는 폭넓을 검색을 실시간으로 할 수 있다는 최대의 장점은 있지만, 지식의 깊이와 감성적 숙고에 있어서 한계가 있다는 치명적 단점을 인식해야 할 것이다.

서가에 꽉 들어찬 명작들이 풍겨주는 지적, 정서적 친밀감에는 더위와 갈증을 피해 그늘진 우물가를 찾은 사람이 얻을 수 있는 그런 충족감이 있다. 아이패드에 제아무리 많은 e-book이 들어차 있다 한들, 공들여 모은 소장서 가득한 서재가 줄 수 이지와 지성의 그것을 줄 수는 없다. 다만, 미래 어느 시간에 스마트 폰이 정말로 심오한 것까지 줄 수 있다면 언제든지 그리 달려가야 하겠지만 말이다.

제1절 │ 영어는 전치다.

　영어 세계에서 최대, 최고로 전치하는 품사는 동사이다. 동사를 전치 품사, 일종의 전치사로 보라는 말이다. 앞의 여러 해당 장절에서 설명했듯이, 동사와 전치사는 소위 Object라는 목적어, 목적물 내지 대상을 가지면서, 그 대상 앞에 위치한다. 그것이 〈난 널 사랑해〉가 〈I love you!〉라는 어순을 갖는 근본적인 이유이자 근거라고 했다. 일반동사도 그렇지만, be동사의 경우에도 동사는 보어에 전치한다.

　한 마디로 동사는 전치를 생리이자 원리로 한다. 그러니 이제부터 영어의 어순이 왜 우리말과 다른지, 동사가 목적어에 왜 전치하는지에 대하여는 일체 의문일랑 갖지 말고, 너무나 당연한 사실, 아예 진리로 받아들이자.

　두 번째 전치 사례는 접속사에서 찾을 수 있다. 모든 종속접속사는 종속절에 전치한다. 전치사와 접속사의 경계가 그리 엄격하지 않고, like, as, since에서와 같이 이 경계를 수시로 넘나드는 기능어들도 많다고 했다. 중간지대에 서있다가 전치사 쪽으로 넘어가 활동하거나 접속사 영역으로 넘어와 행동을 개시하는 단어들이 많다는 말이다. 어쨌든, 전치사 만큼이나 종속접속사도 전치를 생리로 한다.

　세 번째 경우는 전치의 원조라 할 수 있는 전치사이다. 전치사가 전치사인 이유가 전치하기 때문임은 굳이 설명을 필요로 하지 않는다.

그런데 전치의 두 핵심인 동사와 전치사가 서로 만나면 어느 것이 전치할까? 당연히 전치사가 전치하는데, 우리는 그러한 예를 부정사에서 본다.

Mary wants to study music.
마리는 음악을 공부하기를 원한다.

전치사는 원칙적으로 명사에 전치하면서 명사와 결합하여 형용사 내지 부사가 되는데, 부정사의 경우에서 만큼은 예외적으로 〈전치사 + 동사〉의 결합을 통하여 명사, 형용사, 부사를 양산한다.

이때의 전치사는 물론 아무 전치사나 다 되는 것이 아니고, 부정사 전용 전치사인 to만이 가능하다. 그러기에 전용인 것이다.

그런 가운데 전치사 to가 가지는 방향성을 작용시키고, 동사는 본래의 동사적 기능에다, 전치사 뒤에 오면서 발휘해야 하는 명사적 기능도 함께 발휘하여 문법적 기능을 총합적으로 수행한다. 총합적이라는 것은 종합적인 것보다 더 종합적인 것을 일컬을 때 쓰는 상위 개념으로 보아주기 바란다.

이상과 같은 동사, 접속사, 전치사의 전치 원리로 미루어 볼 때, 우리는 〈영어는 전치다〉라고 감히 말할 수 있다. 모든 문장에 동사가 있고, 동사는 문장의 척추와 같으며, 이 동사가 목적어에 전치하고 있는 데다가, 전명구 및 종속절까지 종합하여 전체 문장에서 차지하는 비중을 생각한다면, 충분히 〈영어는 전치다〉라고 말할 수 있다.

그런데 아이러니가 있다. 이렇게 전치하는 동사, 전치사, 접속사가 우리말로 옮겨질 때는 후치로 표현되고, 그렇게 나타난다는 것이다.

I love you. 난 널 사랑해.
To the bank 은행으로
When she came, 그녀가 왔을 때,

이러한 전치 영어의 우리말 후치는 쉽게 체질화되기가 어렵다. 이러한 한계의 또 다른 예를 살펴보자.

A lot of time 많은 시간 (X)
A lot of time 시간의 많음 (O)

A lot of money 돈이 많음
A cup of coffee 커피로 한 잔
A glass of wine 와인으로 한 잔

여기서 〈a lot of〉를 통째로 숙어라며 〈많은〉으로 외우도록 가르친 잘못도 크기는 하다. 이러한 사례는 한이 없을 정도이다. 핵심은 〈of time〉이 형용사로 쓰인 전명구로서, A lot(많음)을 수식하여 시간의 많음을 나타내는데, 우리는 〈a lot of〉가 '많은'이라는 의미의 형용사이고, 〈time〉은 이의 수식을 받는 명사로 이해하고 가르치는 사람이 너무나 많다.

이러한 표현이 우리말 식으로 소화하기가 좀처럼 어렵다는 언어 문화적 차이도 존재한다. 하지만 이러한 차이에 굴복하는 순간, 영어에 대한 우리의 왜곡된 시각은 절대 바로잡힐 수 없을 것이다.

동사가 동작을 나타내면서 그 대상, 목적물인 목적어를 갖는다면, 전치사는 상태, 상황을 묘사하면서 역시 그 대상, 목적물인 목적어를 갖는다. 앞에서도 보았듯이 목적어Object에 대한 다음 정의에서 이 사실을 잘 확인할 수 있다.

1. A noun or substantive that receives or is affected by the
   action of a verb within a sentence
   한 문장 안에서 동사의 동작이나 영향을 받는 명사 및 상당어구
2. A noun or substantive following and governed by
   a preposition
   전치사의 뒤를 따르면서 전치사의 지배를 받는 명사 및 상당어구

전치사를 전치하는 말이라고 이름 붙이는 순간, 전치는 이미 우리에게 중요한 함의를 전달한다. 동사도 목적어에 전치하고, 전치사도 자신의 목적어에 전치한다. 종속접속사도 자신의 종속절에 전치한다. 이렇게 뭔가가 전치한다고 표현할 때에는 전치라고 표현하게 되는 뭔가 기준점, 비교대상이 있을 것이다. 그것은 바로 우리말이고, 한글에 대비해 볼 때, 전치한다 말하고 있는 것이다. 우리말 기준으로 볼 때, 영어의 전치사, 동사, 접속사는 전치한다는 말이다. 이 말을 뒤집어 보면, 이들이 전치할 때 이를 해석하는 도구인 우리

말은 상대적으로 후치하는 상황이 된다. 따라서, 영어의 전치와 우리말의 후치는 동전의 양면과도 같은 상황이라는 말이다. 모쪼록 독자들께서는 이 개념을 잘 이해하셨기를 바란다.

〈표 28〉 전치 품사들

경호원(BodyGuard)	경호 대상(VIP)	예문(Example)
동사	목적어/보어	Write a letter 편지를 쓰다
전치사	목적어	For you 너를 위하여
접속사	종속절	Since I was born 태어난 이래

제2절 | 동사는 척추다

개념의 확장이라는 차원에서 동사에 대하여 다시 한번 고찰하여 보자. 실제적으로 영어에서 동사는 모든 것의 중심이다. 문장이 다섯 가지 종류로 나눠진다는 소위, 〈문장의 5형식〉은 실제로 동사에 의해 결정되는 형식의 종류이다. 동사가 어떤 것이냐에 따라 문장의 형식이 달라진다는 말이다. 다른 데에서도 말했듯이, 동사는 말하자면 척추와 같은 존재이다. 동사가 기준점이 되어 동사 앞에 오는 것이 주어 성분이 되고, 뒤에 오는 것이 목적어나 보어가 된다. 심하게 말해, 동사를 갖고 동사 앞에다 두면 주어인 명사가 되고, 주어 뒤에 두면 목적어 내지 보어 명사가 된다. 예문을 보면 쉽게 이해가 될 것이다.

God loves you. 하나님께서는 당신을 사랑합니다.
You love God. 당신은 하나님을 사랑하는군요.

예문에서 보는 바와 같이 God이 동사의 앞에 오면 주어가 되지만, 동사의 뒤에 오면 목적어가 된다. 이것이 영어가 가지는 매우 중요한 특징이다.

이 개념이 가지는 메시지는 크게 두 가지이다. 첫째, 영어 문법에서 어떤 단어가 어떤 위치에 가느냐에 따라 의미와 문법상 기능이 결정되고, 달라진다는 말이다.

Love means never having to say you are sorry. (주어, 명사)
사랑은 네가 미안하다고 말할 필요가 없는 그런 개념이야.

Jesus loves you. (술어, 동사)

예수님은 당신을 사랑하십니다.

He does not know love. (목적어, 명사)

그는 사랑을 모른다.

God is love. (보어, 명사)

하나님은 사랑이시라.

둘째, 바로 위의 예문을 보면 심하게 말해, 잘 모르겠으면 아무 동사나 그것을 주어 자리에 놓으면 주어가 되고 목적어, 보어 자리에 놓으면 그러한 성분으로 기능한다는 말이다. 물론 일반적으로 쓰이지 않는 경우임에도 불구하고 그리했다면, 듣거나 읽는 상대방은 상당한 정도의 유추능력을 발휘해야겠지만, 그 정도로 영어를 만만히 보라는 말이다. 다만, 본서와 같이 유익 넘치는 책으로 기본 개념을 익혔으니, 필요에 따라 같은 동사라도 부정사, 동명사, 분사, 분사구문 등으로 제대로 형식과 격식을 갖추어 구사하면 보다 세련되고, 상대방이 이해하기 편한 영어가 된다는 점은 깊이 이해해야 한다. 그리고 변신동사 패밀리인 부정사, 동명사, 분사, 분사구문에서조차 수시로 의미상의 주어나 목적어, 보어 및 수식어를 달고 다닌다. 필자의 말은 결코 허언이 아니다

스티브 잡스와 공자

스티브 잡스식 프레젠테이션의 가장 커다란 특징은 슬라이드에 많은 내용을 우겨 넣지 않고, 단순한 메시지의 슬라이드로 프레젠테이션을 해 나간다는 것이다. 스티브가 그럴 수 있었던 건 젊어서일 수도 있고, 연습을 많이 해서일 수도 있다.

강연을 진행할 때 가장 커다란 애로점은 기억의 한계가 생리적으로 빈발하여, 단서가 없으면 강연 중에 특정 주제를 완전히 잊어버린다는 것이다. 그래서 필자가 고육지책으로 생각한 것이 슬라이드에 연상의 단초가 되는 단서들을 꼭 적어 놓는 식이다. 그러니까 필자의 강연 슬라이드는 청중을 위한 것도 있지만, 필자 자신의 망각의 한계를 극복하기 위한 것도 있다.

천하의 공자라도 망각 앞에서는 가르침의 한계를 보일 것이고, 그도 나이 들어서는 메모와 기록을 생활화하지 않았을까 싶다. 그런 점에서 심지어 논어조차 공자의 직접 기록이 아니라니, 그의 메모는 어디에 있는 것일까?

실제로 영어를 익혀 보면, 동사만큼 중요한 위상도 없음을 알게 된다. 그렇게 중요한 동사의 가치를 이제 총정리 해볼 필요성을 느낀다. 동사가 중요한 것은 첫째, 이 동사가 〈형식1〉의 (주어 + 동사 + 목적어) 문장 패턴으로 가느냐 〈형식2〉의 (주어 + be동사 + 보어)의 문장 형식으로 가느냐를 가르기 때문이다. 동사가 일반동사이냐 be

동사이냐에 따라 문장 구성이 달라지는데 그 분수령에 동사가 있다.

둘째, 이의 연장선상에서 동사에 따라 문장의 형식 다섯 가지 중 한가지로 귀결된다는 것이다. 〈문장의 5형식〉이 무엇이냐가 대단히 중요한 것은 아니지만, 어쨌든 각각의 다섯 가지 중 어느 형식이 되느냐는 순전히 동사가 어떤 동사냐에 따라 1형식의 완전 단문 (주어 + 동사), 2형식의 (주어 + be동사 + 보어), 3형식 이상의 (주어 + 동사 + 목적어)의 구성이 된다.

셋째, 동사가 어떤 위치에 오느냐, 어떤 역할을 하느냐에 따라 주절에서는 주인 동사, 종속절에서는 종 동사, 그리고 나머지 세계에서는 변신동사로서 부정사, 동명사, 분사, 분사구문의 모습으로 이제는 동사가 명사, 형용사, 부사 역할을 감당하게까지 된다.

넷째, 이의 연장선상에서 변신동사는 원래 동사가 있음으로써 형성되는 하나의 문장 사이즈가 변신을 거쳐 하나의 구 사이즈로 축약되면서도 문장 기능이 고도로 응축된다. 본래 동사로서의 역할도 다 하고, 그 동사가 갖는 의미상의 주어, 목적어/보어, 수식어도 모두 거느리면서 몸집은 문장이나 절 단위가 아닌 구단위로 고성능을 발휘한다. 동사는 문장 내에서, 더 나아가 영어의 세계에서 그만큼 대단한 존재인 것이다. 이상으로서 동사의 위상을 총정리 해 본다.

제3절 | 부정사 개념의 확장

통상적으로 부정사는 'to + 동사 원형' 의 결합으로 동사를 명사, 형용사, 부사로 변용하는 기술이라고 하였다. 이것이 원조 부정사 내지 부정사1이라면, 필자는 '전치사 + 명사' 의 전명구를 부정사2라고 명명하고 싶다. 왜냐하면, 부정사는 품사가 정해져 있지 않은 말로, 필요와 쓰임새에 따라 품사가 달라진다는 의미인데, 사실 전명구도 품사가 정해져 있지 않은 가운데, 경우에 따라 형용사나 부사로 쓰임새가 달라지기 때문이다. 그러한 의미에서, 전명구를 제2의 부정사라는 시각으로 바라볼 수 있다면, 진정 영어의 고수라 해도 과히 틀린 말은 아닐 것이다.

의미 구성 측면에서 볼 때, 'to + 동사 원형' 의 부정사1에서는 'to' 보다는 '동사 원형' 이 '1 대 9' 정도로 거의 모든 의미를 제공한다. 하지만 '전치사 + 명사' 의 부정사2에서는 전치사와 명사가 '5 대 5' 정도로 의미상의 역할을 분담한다. 전치사는 여기서 그저 장식품 역할 정도에 그치는 것이 아니라는 말이다.

마지막으로, '접속사 + 종속절' 의 결합으로 명사절이나 형용사절, 부사절을 탄생시켜 명사나 형용사, 부사로 기능시키는 경우를 부정사3라고 볼 때, 이때의 의미 분담은 2 : 8 정도가 아닐까 생각해본다.

〈표 29〉 부정사 개념의 확장

등급	구성	의미분담	신생 품사
부정사1	to+동사 원형	1 : 9	명사, 형용사, 부사
부정사2	전치사+명사	5 : 5	형용사, 부사
부정사3	접속사+종속절	2 : 8	명사, 형용사, 부사

품사의 영토

흔히들 품사를 생각할 때, 개별 단어와만 연결 지어, 어떤 단어가 어떤 품사인지만을 생각한다. 그런데 품사는 개개 단어의 팀명으로만 쓰이는 것이 아니다. 구와 절도 각 품사 팀명 아래 같은 팀 이름을 나누어 쓴다.

동사가 변신하여 이루어진 부정사, 동명사, 분사, 분사구문과 전명구도 명사, 형용사, 부사라는 팀명 아래 왕성하게 활동한다.

물론 종속접속사와 절이 결합한 명사절, 형용사절, 부사절도 뒤에 절자가 붙어서 그렇지 품사 팀이름 아래 열심히 활동한다. 그러니, 개별 품사가 개념 내지 용도의 이름인 것이지, 개별 단어들만의 품명, 카테고리이름이라고는 생각하지 말자.

제4절 │ 영어 세계에서의 중간지대

영어 습득 방법을 강연하다 보면, 원리의 설명에 있어서 묘한 중간지대를 여러 곳에서 발견한다. 그 중 대표적인 것 몇 가지만 제시한다.

첫째, 동사와 형용사의 중간지대로서의 분사용법이다. 진행형, 수동태, 완료 시제에서 보여주는 현재분사 내지 과거분사는 주격 보어로서의 서술형 형용사로 볼 수도 있고, 동사 활용의 본동사로 볼 수도 있다. 아래 예문에서 playing은 동사 술어부로 볼 수도 있지만 주격 보어 형용사로 볼 수도 있다. 이의 연장선상에서 진행형, 수동태, 완료 시제에서의 be동사, have동사도 조동사와 be동사의 중간지대에 있기는 마찬가지이다.

Now he is playing the piano.
지금 그는 피아노를 연주하고 있다.

둘째, 전치사와 접속사의 중간지대를 눈 여겨 볼 필요가 있다. like, as, since, than 등에서와 같이 어떤 때는 전치사로, 또 어떤 때는 접속사로 영역을 넘나들며 쓰이기도 한다. 통념상 전치사여 보이는 데도 이를 접속사로 기능시키는 경우를 종종 본다.

Someone like you (전치사)
당신 같은 누군가

I cannot do it like you do. (접속사)

나는 당신이 하는 것같이 그것을 할 수는 없다.

아래 예문을 보자. when이나 while은 누가 보아도 접속사인데, 이들이 전치사로 작동을 하는 듯 보인다. 그럴 경우 이들 뒤에 나온 형태가 동명사로 보아야 하는데, 이들의 실체는 분사구문에 더 가깝다. 다시 말해, 분사구문이 형성되는 원칙처럼, 종속절의 종속 접속사를 살려 놓은 분사구문 형식이다. 겉모습으로 보면 〈전치사 + (동)명사〉인데, 내용상으로는 분사구문 형태인 동명사와 분사구문의 중간지대가 나타나기도 한다.

Executing the shot seems to be stronger when using this stance.

발사의 진행이 이 자세를 사용하면서는 더 강할 수 있어 보인다.

Open stance could cause unnecessary torque while shooting.

오픈 스탠스는 발사를 하는 동안에 불필요한 불량운동을 일으킬 수 있다.

셋째로 많이 보이는 중간지대는 부정사 부분이다. 일단 〈to + 동사원형〉에서 to를 전치사로 볼 것이냐 아니냐의 문제이다. 부정사에서의 to는 아무리 보아도 전치사 울타리를 약간 넘어, 중간지대로 나와 있는 친구로 밖에 볼 수 없다. 이러한 시각의 연장선상에서, to라는 전치사에는 명사가 연결되어야 하는데, 그것이 통념인데, 〈to 부정사〉에서 보이는 〈동사원형〉은 명사가 아닌 동사이다. 본동사 자리에 있지 않으면서, 동사의 모습을 그대로 보여주고 있으며, 전치사 to와 결합한다는 차원에서도 역시 동사와 명사의 중간지대에 있는 것이라 할 수 있다. to도 온전한 전치사가 아니고, 동사원형도 온전한 동사가 아니라 전치사 to 다음에 와야 할 명사 자리에 명사가 아닌 동사로 불쑥 자리한 상황이다. 하여튼 뭔가 묘한 중간지대적 조합이 부정사 개념에는 너무 많이 나타난다.

여기서 의문을 더 확대하여 보면 상황이 재미있어진다. 원래 〈전치사 + 명사〉의 결합이 형용사나 부사로 기능하는데, 〈to 부정사〉에도 형용사 및 부사 용법이 나타난다. to 부정사와 전명구가 묘하게 중간지대에 맞닥뜨려 있는 상황이다. 다만 〈to 부정사〉가 명사적 용법으로 기능하는 상황만 가장 순수한 부정사적 특별용법으로 봐줘야 할 갓다. 순수한 명사가 아닌 것이 마치 명사처럼 행세한다는 차원에서 그렇다.

넷째, 사역동사, 지각동사에서 나타나는 원형부정사 또한 본동사와 부정사의 중간지대에 있는 것으로 볼 수 있다. 본동사 자리가 아닌 곳에서 본동사와 모습은 똑같이 하면서 실제로는 목적어를 동반하여 동사 역할을 하고 있다는 점에서 그렇다.

Please let me go 너는 나를 가게 좀 해 줘라.
I saw you kiss her.
네가 그녀에게 키스하는 것을 내가 보았다.

다섯째, 조동사와 본동사의 중간지대에 있는 동사들도 있다. have (got) to, be going to, used to, get to 등의 경우 완전히 조동사로 볼 수도 없고, 그렇다고 완전한 본동사구라고 볼 수만도 없다. 아래의 예문에서 이러한 중간지대의 현주소를 확인할 수 있을 것이다.

I am sorry to have to point out that we do not have these goods in stock at the present moment in time.
현재로서는 적시에 이 상품들에 대한 재고를 유지할 수 없음을 적시함에 대하여 유감스럽게 생각합니다.

여섯째, 형용사와 부사의 중간지대도 있다. 형용사인 듯하면서 부사 같고, 부사 같은데 형용사로 보이기도 한다. 도대체가 형용사인지 부사인지 보통 헷갈리는 정도가 아니다.

She began to write a story to please herself,
without thinking of publishing it.
그녀는 출판하겠다는 생각은 없이,
자신이 즐거워할 만한 이야기를 쓰기 시작했다.

위 예문에서 to please herself는 a story를 꾸미는 형용사 전명구로 볼 수도 있지만, 문장 전체에 걸리는 부사적 전명구로 볼 수도 있다. 중간지대는 모호하고 나쁜 것이라며 부정적으로 여기기보다, 세상에는 그런 세계도 있다고 받아들이는 것이 더 마음 편할 것이다.

일곱째, 전치사와 분사의 중간지대가 있다. 눈에 보이기에 분사 구문이면서 동시에 이 분사가 천연덕스럽게 전치사로 기능하는 상황이 중첩된다. 실제로 이러한 전치사의 이름을 분사형 전치사로 부르고도 있다.

Considering site condition, CCD will be delayed.
현장 여건을 고려할 때, 완공일은 늦춰질 것이다.
According to his opinion, the failure is inevitable.
그의 의견에 따르면, 실패는 불가피하다.

위의 두 번째 예문의 경우는 시사하는 바가 크다. According 을 분사구문을 유도하는 분사로 볼 수도 있고, 현실적으로는 According to를 통째로 전치사로 인식할 수도 있다. 전치사와 분사의 묘한 중간지대가 이중으로 형성되고 있다.

여덟째, 동사구에 들어 있는 전치사는 동사구의 부속품으로, 동사에 속한 식구로 볼 수도 있지만, 전치사로써 명사와 결합하는 전명구라고 볼 수도 있다. 아래 예문에서 depend on, talk about, deal with가 동사구이고 circumstances, Jesus, situation이 목적어라 할 수도 있지만, depend, talk, deal이 동사이고, 밑줄 부분의 전명구가 부사로 쓰인다고 볼 수도 있다는 말이다.

It depends entirely on circumstances.

그것은 전적으로 상황에 달려있다.

John talked about Jesus.

요한이 예수에 대하여 말했다.

That company deals with a difficult situation well.

그 회사는 곤란한 상황에 잘 대처한다.

아홉째, 명사와 형용사 사이에도 중간지대가 있다. English, Bible, Study 모두 명사이지만, 이 단어가 결합되어 영어성경공부라는 뜻의 English Bible study가 되면 앞의 두 명사 English와 Bible은 현실적으로 study라는 명사를 수식하는 형용사가 되어 버린다.

열째, 분사와 동명사 사이에도 중간지대가 있다. 어찌 보면 현재분사인 듯한데, 또 어찌 보면 동명사로 볼 수 밖에 없는 애매한 상황을 종종 목도하게 되는 것이 문법적 현실이다. 예문을 바로 확인하도록 하자.

What you are thinking now is creating your future life.

당신이 지금 생각하고 있는 것은 당신의 미래를 창조하는 것이다.

(동명사적)

당신이 지금 생각하고 있는 것은 당신의 미래를 창조하고 있는 것이다.

(현재분사적)

영문장의 마스터 키

우리 한글 전체를 지배하는 기능어 하나를 꼽으라면 단연코 조사 〈의〉이다. 〈의〉는 모든 개념 사이의 관계를 설정한다. 〈아내의 눈물〉이라는 표현에서 〈의〉는 아내와 눈물이라는 두 개념, 두 단어가 어떤 관계인지를 설정한다. 주소의 각 요소 사이에, 성과 이름 사이에, 심지어 한 문장의 각 요소 사이에는 눈에 보이든, 보이지 않든, 〈의〉가 녹아 들어가 있다. 때로 이 〈의〉보다 좀더 전문성이 있는 다른 조사로 하여금 그 역할을 맡게 할 뿐이다.

경기도(의) 평택시(의) 현덕면(의) 운정리(의) 86번지
이(씨 가문의) 계양(이라는 이름의 사람)
현금(의) 인출(의) 목적으로(의) 은행에(의) 간다(감).

전치를 생리로 하는 영문에서는 우리 한글 조사 〈의〉와 같은 마스터 키 역할을 하는 것이 전치사 〈of〉이다. 물론 영문에서도 때에 따라 더 전문성 있는 전치사가 그 역할을 대신하기는 하지만, 어쨌든 전치사 〈of〉의 속성이 영문 각 요소 개념 사이의 관계를 설정하는데 있어 철저하게 녹아 들어 있다.

543, (of) Harold Street, (of) Tucson, (of) Texas, (of) USA
Barack (of) OBAMA
I (of) am (of) going to(of) the bank to(of) withdraw (of) cash.

위의 USA의 경우에도 〈of〉 전치사가 없으면 USA가 형성하고자 하는 개념이 성립되지 않는다. USA는 풀어서 쓰면 United States of America 인데, 여기에서 〈of〉가 사라지면, United States America는 영문법적으로 비문이 된다.

더 전문성 있는 전치사가 마스터 전치사 〈of〉를 대신한다는 의미를 명팝 가수 Barbra Streisand의 노래 제목 'Woman in love'를 통하여 살펴보자. 맞춤복처럼 딱 들어맞지는 않지만 프리 사이즈의 옷과 같은 〈of〉를 넣어 'Woman of love'로 할 수도 있는데, 기왕이면 더 전문성 을 발달시킨 전문전치사 〈in〉이 있으니, 강력한 〈of〉가 전문적인 〈in〉에게 자리를 양보한 것 뿐이라는 말이다.

호텔에서 모든 투숙객에게 마스터 키를 주어버리면 이 열쇠의 역할이 각자의 용도에 맞게 기능하는데 적합하지 않으므로, 특정한 손님에게는 특정한 키만을 제공하듯, 〈of〉 전치사보다 개별 전치사가 한정된 역할을 수행하는데 적당하면, 일단은 개별 전문전치사가 자기 역할을 수행하도 록 한 것이 오늘날 우리가 배워야 할 영문법의 원리인 것이다.

바로 가능 영어

Hamburger English

8

특허출원
〈빨녹파 <u>밑줄</u> 영어습득법〉

본서는 다른 일반 영어학습 서적과는 차원을 달리하는 차별화 포인트가 몇 가지 있다. 그 중 첫째는, 한두 시간이라는 지극히 짧은 시간 내에 영어 구사의 원리 전체를 납득시킨다는 점이다. 둘째는, 영어라는 친구의 진면목을 팁〈Tip〉는 특별한 꼭지를 통하여 친숙하게 다가가 이해하게 해준다는 점이다. 셋째가 본 절에 특별한 장을 마련하여 영어의 본 모습을 적나라하게 펼쳐 보인다는 것이다. 학습법이나 서적에 들어있는 내용으로 특허를 받는 것이 흔한 일은 아니지만, 여기서 다루는 내용은 특별히 특허로 보호할 만큼의 값어치가 인정된다고 할만 하다.

이제 본서의 가장 큰 특징에 관한 얘기를 본격적으로 진행해 보자. 첫째, 본서는 동사의 역할과 가치와 비중에 대하여 특별히 강조하고 있다. 동사를 이해하면 영어의 거의 절반을 이해한 것이나 마찬가지이다. 등산으로 비유하자면, 동사의 변신과 활용에 대한 이해는 산의 정상에 도전하여 정상정복을 달성하는 순간 만큼이나 중요하다. 등산의 초반부는 문장의 구성원리와 품사의 개념에 대한 이해 정도일 것이다. 그리고 등산이나 인생살이에서 오르막도 중요하지만 내리막도 중요하듯이 영어의 하산 길에 챙겨야 할 부분은 전치사 및 접속사 활용에 대한 이해와 단어의 구성원리에 관한 부분이라 할 수 있다. 그러니까 영어학습과정을 사등분으로 나누어 설명하면 다음 표와 같다고 할 수 있다.

〈표 30〉 영어학습과 등산의 단계별 비유

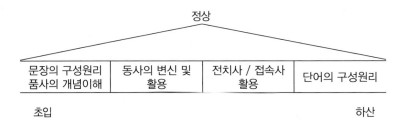

둘째, 본서의 가장 특징적인 부분에 관한 설명이다. 영어 문장이 구성되는 중심에 동사가 있다. 그리고 하나의 문장에는 하나의 동사가 있을 뿐이다. 이 동사를 본서에서는 주인동사 내지 주동사로 부르기로 하고, 빨간색으로 제시한다.

그런데, 문장 안에는 종속 접속사를 동반하는 종속절이 들어와 명사절, 형용사절, 부사절로 쓰일 수 있다. 이러한 종속절 안에 들어가 종속절이라는 하위 문장을 구성해주는 동사를 본서에서는 종동사라 부르기로 한다. 주인과 종과의 관계를 상기하면 쉽게 이해가 갈 것이다. 종동사는 녹색으로 채색한다 녹색 종동사가 보이면 종속접속사를 동반하는 종속절이 존재한다는 메시지가 된다.

그리고 부정사, 동명사, 분사, 분사구문이라는 동사 변신을 통하여 이루어지는 명사구, 형용사구, 부사구를 본서에서는 변신동사라 부르기로 하겠다. 변신동사가 만들어내는 부정사, 동명사, 분사, 분사구문을 모두 파란색으로 컬러링 하였는데, 같은 파란색 변신동사 중에서 어느 것이 부정사이고, 어느 것이 동명사이며, 또한 어느 것이 분사이고, 어느 것이 분사구문인지는 다시 한번 독자에게 드리는 선물 숙제로 남겨두겠다. 다만 이의 구분은 절대로 어렵지 않으나, 부정사가 무엇인지, 동명사는 어떻게 활용되는지 등에 대한 기본적 이해는 앞의 여러 장에서 제시하였다.

색의 3원색이 빨노파라면, 빛의 3원색은 빨녹파라 한다. 독자 여러분의 영어세계에 빛이 될 요소들을 알려드린다는 차원에서 본서는 빨녹파 3원색의 컬러링을 바탕으로 영어문장 구성에 대한 이해를 돕고자 한다.

또한, 빨간색의 동사가 나타나면 그 동사의 목적어가 무엇인지를 찾아보는 재미는 독자의 기쁜 몫으로 남겨둔다. 주인동사가 be동사가 되면 그것이 명사이든 형용사이든 보어가 나타날 것이다. 이를 찾아 확인하는 것 또한 독자들에의 기쁜 숙제로 남겨두겠다.

그렇게 보았을 때, 본서에서 빨간색의 주인동사, 녹색의 종동사, 파란색의 변신동사는 독자들의 쉬운 문장구조 파악과 영어 이해에 엄청난 도움이 될 것임을 장담한다.

이에 연장선상에서, 한 문장 내에서 빨간색, 즉 주인동사가 두 개 이상 보인다는 얘기는 그 문장이 중문, 즉 대등절이 두 개 이상이라는 의미이다. 아울러, 빨간색 주인동사와 녹색 종동사가 함께 나타나면 복문이라는 얘기이다. 중문과 복문이 혼재되는 경우를 우리는 혼성문이라고 한다. 굳이 분류하자면 그렇다는 얘기이다. 아울러, 녹색 종동사의 숫자만큼 그 문장 안에 절의 개수가 많다는 얘기이기도 하다.

어쨌거나, 한 문장 내에는 빨간색의 주인동사가 반드시 한 개가 있고, 또 꼭 있어야 한다. 깊이 생각해 보면, 이는 매우 의미심장하고, 재미있는 얘기이다. 영어라는 문장 구조의 대들보와 같은 존재가 이 빨간색의 주인 동사이다. 그러니까 영어 문장에서 이 빨간색 동사가 없다는 것은 척추가 없는 사람을 보는 것 만큼이나 상상조차 할 수 없는 일이다.

모든 문장은 주인공(주어)의 동작이나 상태를 나타내는 둘 중 한 가지라 하였고, 동작을 나타내는 문장(형식1)은 〈주어 + 동사 + 목적어〉, 그리고 상태를 나타내는 문장(형식2)은 〈주어 + be동사 + 보어〉라고 하였다. 그렇게 볼 때 진행형, 수동태, 완료 표현은 (형식1)의 문장이 (형식2)의 문장 형태로 변경된 것으로 볼 수 있다. 이때의 be(have) 동사 부분이 본동사이고, 분사 부분이 보어 형용사 형태가 된다는 말이다. 이러한 형용사를 순수한 형용사 형태의 한정형 형용사에 대비하여 통상 서술형 형용사라 한다.

셋째, 일종의 보너스로 본서에서는 〈전치사 + 명사〉 구마다 밑줄을 쳐줄 것이다. 그러면 이러한 전명구가 형용사로 쓰이는지 부사로 쓰이는지에 대한 감상은 독자의 몫이다.

넷째, 본서는 진행형이나 수동태, 완료 표현에서 be(have) 동사 부분을 본동사로 보고, 분사 부분을 형용사로 대별한다.

다섯째, 자동사가 전치사와 결합하여 관용적으로 동사구로 쓰이는 경우, 예를 들어 believe in 같은 경우, 전치사와 그의 목적어를 전명구로 묶어 밑줄을 하였다.

여섯째, 일반적으로 형태는 본동사이지만 조동사로 역할이 굳어져 있는 관용어, 예를 들어, have to, had to, would like to, be going to, get to, have got to 등의 경우 이를 모두 조동사로 보고, 이어지는 동사를 본동사로 취급하기로 한다. 이는 주절에서든 종속절에서든 공히 같다. 그러니 주인동사든 종동사든, 빨간색이나 녹색 동사가 나타나면 그 앞 부분을 조동사로 보면 되겠다.

이와 같은 특징을 그대로 담아 이를 실용영어에서 적용해보는 방법을 훈련해보자. 여기서는 일반인에게는 매우 특별하면서도 예수교인들에게는 매우 일반적인 바이블을 가지고서 〈빨녹파 밑줄 영어습득법〉을 실습해 본다.

제1절 | 바이블 잉글리시

본서는 역사상 가장 쉬운 표현으로 쓰여졌다는 GNT, 즉 Good New Translation 영어성경을 주 텍스트로 삼았다. GNT 버전은 경우에 따라 Today's English Version으로 불리기도 한다. 그만큼 현대 생활영어에 가장 가깝다고도 할 수 있다.

이와 아울러 영어 텍스트에 대응하는 한글 해석은 독자가 혼신을 다하여 사역에 매진하였음을 밝혀둔다. 다만, 사역의 목적이 영어 학습에 획기적인 도움을 주고자 함이므로 절대적으로 직역에 충실하였다. 현실적으로 의역이라고 직역보다 더 우월한 번역이라 할 수도 없으며, 학습자에게는 직역이야말로 영어 텍스트에 대한 독해력 증대에 절대적으로 중요하고 유익하기 때문이다.

원문을 소위 의역이라는 왜곡을 하지 않고 그대로 번역하면 이해하기가 정말 쉽다. 그리고 우리말을 다시 영어로 옮겨야 할 때도, 의역을 붙들고 영어로 옮기려면 아무리 용을 써도 안 되지만, 직역 텍스트를 가지고 영어로 옮기면 그다지 어려울 것이 없다. 괜스레 의역이랍시고 영어도 이해하기 어렵게 하는 동시에 우리말을 영어로 바꾸는 것도 너무나 어렵고 고통스럽게 만드는 경우가 비일비재하다. 원래 영어의 구조가 그리 어려운 것이 아닌데, 이상한 의역병 때문에 우리 스스로를 영어로부터 멀어지는 가운데 곤란을 당하게 만들고 있었던 것이다.

1.1 원초에 주문이 이미 존재했다. 주문이 신과 함께 있었고, 주문은 곧 신이었다.	In the beginning the Word already existed; the Word was with God, and the Word was God.
1.2 애초부터 주문은 신과 함께 있었다.	From the very beginning the Word was with God.
1.3 주문을 통하여 신은 모든 것을 만들었다. 모든 창조 중에서 하나도 주문 없이 만들어진 것은 없다.	Through him God made all the things; not one thing in all creation was made without him.
1.4 주문은 생명의 원천이고, 생명은 사람들에게 빛을 가져왔다.	The Word was the source of life, and this life brought light to people.
1.5 빛이 어둠 속에서 빛나고, 어둠은 결코 빛을 꺼버릴 수가 없었다.	The light shines in the darkness, and the darkness has never put it out.
1.6 신이 자신의 전언자, 존이라는 이름의 남자를 보냈는데,	God sent his messenger, a man named John,
1.7 존은 사람들에게 빛에 대하여 말하고, 그래서 모든 이가 메시지를 듣고, 믿게 하려고 왔다.	Who came to tell people about the light, so that all should hear the message and believe.
1.8 그 자신이 빛은 아니었고, 빛에 대하여 말하러 왔다.	He himself was not the light; he came to tell about the light.
1.9 이 이가 진짜 빛이었는데, 세상에 와서 모든 사람에게 빛나는 빛이었다.	This was the real light – the light that comes into the world and shines on all people.
1.10 주문이 세상에 있었고, 비록 신은 주문으로 세상을 만들었는데, 세상은 주문을 인식하지 못했다.	The Word was in the world, and though God made the world through him, yet the world did not recognize him.
1.11 주문이 자기자신의 땅에 왔으나, 그 자신의 사람들이 주문을 받아들이지 않았다.	He came to his own country, but his own people did not receive him.
1.12 그러나 몇몇은 주문을 받아들였고, 주문을 믿었다. 그래서 주문은 그들에게 신의 자녀가 되는 권리를 주었다.	Some, however, did receive him and believed in him; so he gave them the right to become God's children.
1.13 그들은 자연스러운 방법, 즉 친아버지의 자식으로 태어남으로써 신의 자녀가 되지 않았다. 신 자신이 그들의 아버지였다.	They did not become God's children by natural means, that is, by being born as the children of a human father; God himself was their Father.

1.14 주문이 인간이 되었고, 은총과 진실이 가득했으며, 우리들 가운데 살았다. 우리가 그의 영예를 보았는데, 아버지의 외아들로서 받은 영광이었다.	The Word became a human being and full of grace and truth, lived among us. We saw his glory, the glory which he received as the Father's only son.
1.15 존이 지저스에 대하여 말했다. 그가 외치기를 "이 이가 내가 전에 '그가 내 뒤에 오지만, 그는 내가 위대한 것보다 더 그러하다. 내가 태어나기 전에 그가 존재했기 때문이다' 라고 말했을 때 얘기하던 그 이이다." 라고 했다.	John spoke about him. He cried out, "This is the one I was talking about when I said, 'He comes after me, but he is greater than I am, because he existed before I was born.'"
1.16 자신의 은혜가 풍성한 가운데에서 그가 우리 모두에게 복을 베풀었는데, 우리에게 복을 주고 또 주면서 그랬다.	Out of the fullness of his grace he has blessed us all, giving us one blessing after another.
1.17 신은 모지즈를 통하여 법을 주었지만, 은혜와 진실은 지저스 크라이스트를 통하여 왔다.	God gave the Law through Moses, but grace and truth came through Jesus Christ.
1.18 아무도 신을 본 적이 없다. 신과 같고 신 옆에 있는 외아들이 신을 알려지게 만들었다.	No one has ever seen God. The only Son, who is the same as God and is at the Father's side, he has made him known.
1.19 예루살렘의 유대 유력자들이 종교인들과 특히 레위인들을 "너는 누구냐?" 하고 물어보게 하기 위하여 존에게 보냈다.	The Jewish authorities in Jerusalem sent some priests and Levites to John to ask him, "Who are you?"
1.20 존은 대답하기를 거절하지 않았고, "나는 구세주가 아니다" 라고 말하면서 드러내어 명확하게 얘기했다.	John did not refuse to answer, but spoke out openly and clearly, saying; "I am not the Messiah."
1.21 "누구냐, 그럼?" 하고 물었다. "당신이 엘라이저냐? "나는 아니다." 하고 존이 대답했다. "당신이 그 예언자냐?" 하고 그들이 물었다. "아니다" 라고 그가 대답했다.	"Who are you, then?" they asked. "Are you Elijah?" "No, I am not," John answered. "Are you the Prophet?" they asked. "No" he replied.
1.22 "그럼 당신이 누군지 우리에게 말해달라." 고 그들이 말했다. "우리를 보낸 사람들에게 대답을 가져가야 한다. 당신은 자신에 대하여 뭐라고 말하겠느냐?"	"Then tell us who you are," they said. "We have to take an answer back to those who sent us. What do you say about yourself?"

1.23 존이 예언자 이자이야의 말을 인용하여 대답했다. "나는 '주께서 나가실 곧은 길을 내라고 사막에서 외치는 자의 소리' 이다."	John answered by quoting the proph-et Isaiah: "I am 'the voice of someone shouting in the desert: Make a straight path for the Lord to travel!'"
1.24 패러지인들에 의하여 파송된 자들은	The messengers, who had been sent by the Pharisees,
1.25 존에게 물었다. "만약 당신이 구세주도 아니요, 엘라이저도 아니요, 그 예언자도 아니면, 왜 당신은 세례하는가?"	then asked John, "If you are not the Messiah nor Elijah nor the Prophet, why do you baptize?"
1.26 존이 대답하였다. "나는 물로 세례하지만, 너희 가운데 너희가 알지 못하는 이가 서 있다.	John answered, "I baptize with water, but among you stands the one you do not know.
1.27 "그는 내 뒤에 오고 있지만, 나는 그의 신발끈을 푸는 것조차 적당치 않다."	He is coming after me, but I am not good enough even to untie his san-dals."
1.28 이 모든 일은 조르단강 동편에 있는 베다니에서 일어났는데, 그곳은 존이 세례하고 있었던 곳이다.	All this happened in Bethany on the east side of the Jordan River, where John was baptizing.
1.29 다음 날 존이 지저스가 자기에게 오는 것을 보고 말했다. "보라, 세상 죄를 거두어가는 신의 양이로다.	The next day John saw Jesus coming to him, and said, "There is the Lamb of God, who takes away the sin of the world!
1.30 "이 이는 내가 '한 사람이 내 뒤에 오지만, 그는 내가 위대한 것보다 더 위대하다. 내가 태어나기 전에 그가 존재했기 때문이다.' 라고 말했을 때, 이 사람에 대해 얘기했던 것이다.	This is the one I was talking about when I said, 'A man is coming after me, but he is greater than I am, be-cause he existed before I was born.'
1.31 "나도 그가 누구일런지 알지 못했지만, 내가 그를 이스라엘 사람들에게 알게 하기 위하여 물로 세례하고자 왔다."	I did not know who he would be, but I came baptizing with water in order to make him known to the people of Israel."
1.32 존은 이러한 증언도 하였다. "나는 성령이 하늘로부터 비들기 같이 내려와 그에게 머무르는 것을 보았다.	And John gave this testimony: "I saw the Spirit come down like a dove from heaven and stay on him.

1.33 나는 그가 그이인 줄 여전히 몰랐으나, 물로 세례하라고 나를 보낸 이, 곧 신께서 '네가 성령이 내려와 어떤 남자에게 머무르는 것을 보거든, 그가 성령으로 세례할 그 사람' 이라고 내게 말했다.	I still did not know that he was the one, but God, who sent me to baptize with water, had said to me, 'You will see the Spirit come down and stay on a man; he is the one who baptizes with the Holy Spirit.'
1.34 내가 그것을 보았고, 그가 신의 아들임을 당신들에게 말한다" 고 얘기했다.	I have seen it," said John, "and I tell you that he is the Son of God."
1.35 다음날 존이 자기 제자 중 두 사람과 함께 다시 거기에 섰다가,	The next day John was standing there again with two of his disciples,
1.36 지저스가 거니는 것을 보고, "신의 양이로다!" 하고 그가 말했다.	When he saw Jesus walking by, "There is the Lamb of God!" he said.
1.37 두 제자는 존이 이를 말하는 것을 듣고 지저스와 함께 갔다.	The two disciples heard him say this and went with Jesus.
1.38 지저스가 돌이켜 그들이 자신을 따르는 것을 보고 물었다. "무엇을 찾고 있나요?" 그들이 대답했다. "라바이, 어디서 사십니까?" (이 단어는 "선생" 이라는 의미이다.)	Jesus turned, saw them following him, and asked, "What are you looking for?" They answered, "Where do you live, Rabbi?" (This word means "Teacher.")
1.39 "와서 보라" 고 그가 대답했다. (그 때가 오후 네 시 쯤이었다.) 그래서 그들이 그와 함께 가서 사는 곳을 보고, 그와 함께 그날 나머지 시간을 보냈다.	"Come and see," he answered. (It was then about four o'clock in the afternoon.) So they went with him and saw where he lived, and spent the rest of that day with him.
1.40 그들 중 하나는 사이먼 피터의 형제 앤드류였다.	One of them was Andrew, Simon Peter's brother.
1.41 곧 그가 자기의 형제 사이먼을 발견하고 그에게 말했다. "우리가 미사이어를 발견했다." (이 단어는 "구세주" 라는 의미이다.)	At once he found his brother Simon and told him, "We have found the Messiah." (This word means "Christ.")
1.42 그리고는 그가 사이먼을 지저스에게 데려갔다. 지저스가 그를 보고 말했다. "당신의 이름이 존의 아들 사이먼이지만, 당신은 치파스라 불릴 것이다." (이는 피터와 같으며, "바위" 라는 의미이다.)	Then he took Simon to Jesus. Jesus looked at him and said, "Your name is Simon son of John, but you will be called Cephas." (This is the same as Peter and means "a rock.")

1.43 다음날 지저스는 갈릴리로 갈 것을 결정했다. 그가 필립을 발견하고는 그에게 말했다. "나와 함께 가자!"	The next day Jesus decided to go to Galilee. He found Philip and said to him, "Come with me!"
1.44 필립은 벳사이다 출신이었는데, 앤드류와 피터가 살던 동네였다.	(Philip was from Bethsaida, the town where Andrew and Peter lived.)
1.45 필립이 나타나엘을 발견하고는 그에게 말했다. "우리는 모지즈가 율법 책에 쓴 바 있고, 여러 예언자들 또한 기록한 바 있는 그이를 만났다. 그는 나자렛 출신으로 조셉의 아들 지저스이다."	Philip found Nathanael and told him, "We have found the one whom Moses wrote about in the book of the Law and whom the prophets also wrote about. He is Jesus son of Joseph, from Nazareth."
1.46 "나자렛에서 무슨 선한 것이 날 수 있겠어?" 나타나엘이 물었다. "와서 봐봐" 하고 필립이 답했다. .	"Can anything good come from Nazareth?" Nathanael asked. "Come and see," answered Philip.
1.47 지저스가 나타나엘이 자기에게 오는 것을 보았을 때 그에 대하여 말했다. "여기 진짜 이스라엘 사람이 있다. 그 안에는 거짓된 것이 전혀 없다."	When Jesus saw Nathanael coming to him, he said about him, "Here is a real Israelite; there is nothing false in him!"
1.48 나타나엘이 그에게 물었다. "당신은 어떻게 나를 아시나요?" 지저스가 대답했다. "필립이 너를 부르기 전 당신이 무화과나무 아래에 있을 때 내가 당신을 보았다."	Nathanael asked him, "How do you know me?" Jesus answered, "I saw you when you were under the fig tree before Philip called you."
1.49 나타나엘이 대답했다. "선생님, 당신은 신의 아들입니다! 당신은 이스라엘의 왕입니다."	"Teacher," answered Nathanael, "you are the Son of God! You are the King of Israel!"
1.50 지저스가 말했다. "당신이 무화과나무 아래 있을 때 내가 당신을 보았다고 내가 당신한테 말했다고 당신이 믿는다는 겁니까?"	Jesus said, "Do you believe just because I told you I saw you when you were under the fig tree? You will see much greater things than this!"
1.51 또 그가 그들에게 말했다. "내가 당신들에게 진실을 얘기합니다. 당신들은 하늘이 열리고 신의 천사들이 사람의 아들에게 오르내리는 것을 볼 것입니다."	And he said to them, "I am telling you the truth: you will see heaven open and God's angels going up and coming down on the Son of Man."

제2절 | 영어 기업가 정신

이번 절에서 〈빨녹파 밑줄 영어습득법〉을 실습할 텍스트는 John Stacy의 'Entrepreneurship' 이라는 책에서 골랐다. entrepreneurship 이라는 단어는 경영학에서 자주 쓰이는 용어로 통상 '기업가정신' 으로 번역된다. 프랑스어 어원을 갖는 entrepreneur라는 단어는 도 대체가 낯설기에 필자는 아예 새로운 영어 단어를 만들었다. 통상 business를 하는 사람을 예전에는 양성평등이라는 정치적 고려 없 이 businessman으로 통칭했고, 그러한 계층을 아우르는 정신을 businessmanship라고 길게 불렀으며, 이에 가장 접근하는 전문용 어가 소위 entrepreneurship 이었다. 어쨌든 길고 복잡하고 낯선 전 문용어 entrepreneurship 내지 businesspersonship을 획기적으 로 간편화하기 위하여 필자는 특별한 고안을 했다. 통상 business를 줄여서 biz로 쓰기도 한다. 그리고 buyer의 경우처럼 그러한 행위를 하는 사람을 나타내는 접미어 -er을 붙여 bizer로 만들었고, 그러 한 사람들이 지향하는 정신세계를 아우르는 개념을 Bizership으로 표현하였다. 그리하여 본 절에서는 원서에서 쓴 enterpreneurship 을 Bizership으로 대체하고, 이에 상응하는 한국어를 부교富教라 칭했다. 부 내지 부자를 지향하는 사람들의 정신적 지향점 내지 이 데올로기를 통칭하는 개념으로 이해하면 되겠다.

사실, 필자는 거의 대부분의 국민이 영어를 편히 쓸 수 있는 선 진화된 나라를 만들어 나가는데 일조한다는 사명감으로 〈스포츠영 어클럽〉을 운영하고 있다. 이 클럽은 활쏘기라는 스포츠와 영어 콘 텐츠의 독서를 꾀하는 일종의 부자되기 동호회 모임이다. 그런 관계로 이하에 제시한 텍스트는 우리 클럽에서 독서모임을 때 가공하여 활용하는 콘텐츠이기도 하다. 경제적, 종교정신적, 인문교양적, 육체적 부자가 되기 위한 여러 다양한 콘텐츠를 개발하여 영어도 익히고 활쏘기 스포츠 활동도 하면서 삶은 모든 부분에서 풍요를 구가하는 부자, 그것이 필자게 제시하고 안내하고자 하는 세계이다. 그러한 맥락 속에서 본 텍스를 읽어주기 바란다.

부교도는 즐기기보다 자기계발에 힘쓴다.	Bizers educate themselves more than they entertain themselves.
빈자는 자기계발보다 놀기를 즐긴다.	Poor men entertain themselves more than they educate themselves.
1.3 부교도가 받을 수 있는 가장 훌륭한 교육은 경험으로부터 온다.	The best education Bizers can receive comes from experience.
1.4 경험은 성공하는 부교도에게 위한 학교와도 같다.	Experience is the schooling for successful Bizers.
1.5 경험은 전통적인 학교교육제도가 이해하기 시작한 어떤 것과도 다른 커리큘럼을 제공한다.	It provides a curriculum unlike anything the traditional school system can even begin to comprehend.
1.6 경험은 사람이 어떻게 하여 계속 스스로를 훈련시키는 지, 실패를 실력으로 변화시키는지, 해결책을 어떻게 찾는지, 남을 어떻게 칭찬하고 바로잡는지, 어떻게 부자가 되는지, 미래를 어떻게 예측하는지, 신념을 위해 위험을 어떻게 감수하는지를 가르친다.	Experience teaches people how to continually educate themselves, how to have an empowering perspective of failure, how to find solutions, how to know a little about a lot, how to praise and correct others, how to say "the buck stops here," how to build wealth, how to look into the future, and how to take risks because of faith.
경험이라는 학교에서의 선생은 학생이 성공하기를 바라고, 그래서 지름길을 제공하지 않는다.	The teachers in the school of experience want to see their students succeed, so they offer no shortcuts.

그 학교에서 어떤 선생님은 실패, 거절, 손실, 태도, 마음가짐, 용서, 인내, 곤궁, 번영이라고도 불린다.	Some of the teachers in the school of experience are called Failure, Rejection, Loss, Attitude, Mind-set, Forgiveness, Perseverance, Poverty, Prosperity.
경험은 학생들이 단지 어렵다고 중도에 포기하는 것을 허용하지 않는다.	Experience will not allow students to drop a course just because it gets difficult.
어떤 학생이 졸업 전에 그만두면, 성공이라는 졸업식에 참석하기 전에 그 학생은 수업을 다시 들어야 하고, 시험에 합격해야 한다.	If a student does quit a class before it has finished, that student must go back to the class and pass the test before they can attend the graduation ceremony called Success.
이 작은 책에 수록된 비밀의 각 내용은 경험이라는 학교에서 부교도에게 가르치는 가장 중요한 과목들 중 하나이다.	Each of the Secrets in this little book is one of the most important lessons that the school of experience teaches Bizers.
사회(실업계)의 전통적 학교시스템은 사람들을 부교도가 아닌 월급쟁이가 되도록 가르친다.	The traditional school system in the corporate world teaches people to be employees, not Bizers.
전통적인 학교제도는 현상의 유지가 목적이다.	The traditional school system is called The Status Quo.
이 제도는 매우 제한된 측면에서의 돈과 성공만 생각하도록 사람들을 훈련하고 한정 짓는다.	It trains and conditions people to think about money and success from a very limited perspective.
이 제도는 사람들이 배워야 할 것만을 주입하고, 의문을 갖지 말고 지침에 복종하도록 요구하는 방식으로 움직인다.	It does this by telling them what they have to learn and requiring that they obey the rules without question.
경험이라는 학교에서 부자는 자신이 배우고자 하는 바를 스스로 선택하고, 꾸중이나 훈계의 두려움 없이 자신의 선택에 대하여 질문한다.	In the school of experience, Bizers choose what they want to learn about and they can ask any question they choose to without fear of being reprimanded or disciplined.
성공하는 부교도는 일생 동안 정말 무엇을 하고 싶은 지를 스스로에게 묻고, 자신이 선택한 관심분야에서 어떻게 하면 성공할 수 있는지를 질문한다.	Successful Bizers ask themselves what they would really like to do with their lives, and then they ask others the questions that give them the answers to how to be successful at their chosen field of interest.

학교제도는 사람들에게 성공하는 부교도가 되는 것에 대하여 생각해보도록 가르치지 않는다.	The traditional school system does not teach people to think about being a successful Bizer.
확실히 초등교사들은 아이들에게 자라서 무엇이 되고자 하는지 묻겠지만, 대답은 월급쟁이가 되는 것과 연관되어 있다. 교사들도 그렇게 배웠기 때문이다.	Sure, elementary school teachers may ask kids what they want to be when they grow up but the answers are related to being an employee, because that is what they are taught.
대부분의 어린이는 경찰관, 소방관, 조종사, 교사, 의사, 수의사, 운동선수 등이 되고 싶다고 말한다.	Most kids say they want to be a police officer, firefighter, pilot, teacher, doctor, veterinarian, athlete.
그리고 그들이 하는 대답의 대부분은 전부는 아니지만, 대부분 월급쟁이가 되는 쪽으로 몰아세워진다.	And most of the answers they give are usually, not always, geared toward being an employee.
이러한 어린이들은 또한 좋은 직업을 얻기를 원한다면 대학에 꼭 들어가야 한다는 얘기를 듣고 자란다.	These kids are also told they must go to college if they want to get a good job.
좋은 직업은 훌륭한 직원 내지 월급쟁이를 의미한다.	A good job means being a good employee.
당신이 원하는 것도 훌륭한 종업원이 되는 거라면 이것은 틀리지 않다. 하지만, 선택지 중에는 성공하는 부교도가 되는 방법도 있다.	There is nothing wrong with being a good employee if that is what you want to do; but there is also the option of becoming a successful Bizer.
여러분은 전통적인 학교제도로부터 어떻게 하면 성공하는 부교도가 될 수 있는지를 배울 수는 없다.	You cannot learn how to become a successful Bizer from the traditional school system.
뭔가 이상한 일이 전통적 학교의 저학년에서 고학년까지 가는 동안 벌어진다.	Something strange happens to kids from their first few years of traditional school to their last few years.
초기에 학생들은 장래희망에 대한 생각을 가지지만, 학교 졸업이 다가올수록 그들은 무엇을 할지 모른다.	In the beginning they have some idea of what they want to be, but near the end of high school, they no longer know.
대부분의 고교생들에게 왜 대학에 가려는지 물어보라. 그들 대부분은 멍한 눈길만 당신에게 줄 것이다.	Ask most high school students why they're going to attend college and most of them give you a blank stare.

왜 그렇게 많은 젊은이들이 전통적인 학교시스템에서 어렸을 땐 뭐가 되고 싶은지에 대한 생각이 있다가, 졸업 즈음엔 없어질까?	Why do so many young men and women in the traditional school system have an idea of what they want to be when they are young, but they don't know ten years later?
이유는 그들이 규범을 따르는 것에만 길들여졌기 때문이라고 믿는다.	I believe the answer is that they have been conditioned to follow orders.
무엇을 해야 하는지에 대하여 듣기만 하던 시간들이 지나고 나면, 그들은 하고 싶은 것에 대한 질문을 받지만 그들은 전혀 모른다.	After years of being told what to do, they are asked what they'd like to do and they just don't know.
그렇다고 그들에게 책임을 돌릴 수는 없다.	And you can't blame them.
그들 중 많은 이가 무엇을 원하는지 모르기 때문에 대학에 간다.	Since many of them are not clear on what they want to do, they go to college.
그들은 몇 년의 시간과 많은 돈을 투자하고도 자신의 대학교육을 활용하는 쪽이 아니라 아예 전공과 무관한 분야로 나아가게 된다.	They invest years of their time and a lot of money then end up not using their college education and end up in a field that has nothing to do with their schooling.
어떤 사람은 대학에 감으로써 많은 시간과 돈을 허비하게 되었다고도 말한다.	Some may even say they have wasted a lot of time and money by going to college.
전통적인 학교제도 아래서 우리는 생활의 매우 제한적인 시각만을 전수 받는다.	In the traditional school system we are given a very limited perspective of life.
자신의 목표와 열정을 추구해왔는지 아닌지 모를 교사들로부터 세상이 돌아가는 이치가 어떻다는 얘기를 듣게 된다.	We are told that this is the way the world works, from people who may or may not have been pursuing their own purpose and passion.
가르치는 것에 대한 열정을 가지고, 학생들에 대한 참사랑으로 교육이라는 직업에 뛰어든 교사들도 있기는 하지만, 반면에 많은 교사들이 월급을 위한 수단으로 교직을 택하는 것이 분명한 현실이다.	I had some remarkable teachers growing up who joined the profession because they had a passion for teaching, and truly loved kids - but in hindsight, it is obvious that many teachers were there just doing the job to get a paycheck.

나로서는, 단지 돈을 위하여 직업을 선택하는 것보다 더 나쁜 것은 없다.	For me, there is not much worse than doing a job just for the money.
우리는 모두 의미 있는 일에 종사할 필요가 너무나 크다.	We all have a deep need to engage in meaningful work.
당신의 일이 전혀 의미가 없다면, 당신의 삶이 목표를 추구할 만한 좋은 기회가 있다.	If your work is devoid of meaning, there is a good chance that your life will follow suit.
당신의 일은 당신의 인생에 매우 중요한 부분이다. 그러한 결과로 당신의 삶의 질은 결정적으로 당신이 몸담기로 선택한 일에 좌우된다	Your work is an important part of your life, and as a result your quality of life is directly related to the choices you make about the work you engage in.
자신의 일을 즐길 수 없다면, 당장 일을 바꿔라.	If you don't enjoy your work, change your work.
대부분의 사람들이 무엇을 하며 살아야 하는지에 대하여 잔소리 듣는 가운데 삶의 전체를 보낸다.	Most people spend their entire lives being told what to do.
이러한 잔소리는 부모로부터 시작해서, 선생들로 이어지고, 많은 사람들의 경우, 직장상사들에게까지 계속된다.	It starts with their parents, continues with their teachers, and for many people, it carries on through their lives with their bosses.
엄청난 아이러니는 많은 사람들이 어떻게 살아야 할지에 대한 잔소리 듣는 것을 싫어한다는 점이다.	The great irony is that many people don't like to be told what to do.
문제는 대부분의 사람들에게 이러한 조언이 필요하다는 것이다. 왜냐하면 그들은 다른 사람들이 자신들에게 하는 잔소리에 따르도록 길들여져 왔기 때문이다.	The problem is that most need to be because they have been completely conditioned to do only what other people tell them to.
좋은 소식이 있다면 당신의 전통적인 학교수업이나 정신적 훈육에 관계없이, 당신은 자신의 마음을 새로이 다잡을 수 있다는 것이다.	The good news is that regardless of your traditional schooling and mental conditioning, you can recondition your mind.
당신이 진정으로 좋아하는 분야에서 자신을 재교육하는 것으로 마음을 새롭게 해보자.	Start reconditioning your mind by educating yourself in an area you truly enjoy.
당신이 고무될 만한 주제를 학습하는 것이 성공과 만족에 다가갈 수 있는 열쇠이다.	Studying subjects that inspire you is a key to being successful and fulfilled.

바로
가능
영어
Hamburger
English

9

영어 –
기초는 끝났다, 이제는 실습이다!

이제까지 여러 장에 걸쳐, 영어로 된 지식을 습득하는데 필요한 영술英術 기본기를 해설하였다. 이러한 기본기술이 확보되고 난 이후, 영어의 고수로 넘어가는 가장 확실한 방법은 바로 영어 원문 독서이다.

영어에 치이면서 살아가는 사람들의 가장 흔한 요구는 간단한 회화 몇 마디만 할 수 있으면 더 이상 바랄 게 없겠다는 것이다. 더도 덜도 말고, 그것만 됐으면 좋겠단다. 그런데 공부를 제대로 해본 적 없는 사람들이 주로 이런 소리를 한다. 영어는 마치 저수지의 수위 같아서, 어느 정도 물이 모여야만 밖으로 흘러 넘칠 여지가 있는데 말이다.

설령 주워들은 몇 마디를 외워 말문을 열었다 한들, 대화하는 상대방이 제법 살을 붙여 우아하게 몇 마디 더 건네오면 어쩔 것인가? '저는 단순한 표현 이상은 이해할 수준이 못됩니다' 하고 임기응변할 정도나 될까? 의사소통이란 자신만 몇 마디 던지고 마는 것으로 끝나는 영역이 아니다. '단순한 회화 몇 마디 할 수 있는 정도'는 일종의 환상이다. 그러니 호흡을 길게 가져가자. 단언컨대, 이제까지 앞의 장들에서 설명한 기본이론들만 제대로 무장하면, 흥미와 수준에 맞게 영어 독서의 세계에 들어설 준비는 충분히 된 것이다. 일단 실행에 옮겨보면 이 말이 무슨 뜻인지 이해가 될 것이다.

아울러, 필자도 영어독서의 효과를 깊이 체험하고 있다. 본서를 써내려 가면서도 유용한 예문들을 영어 원서에서 많이 발췌하였다. 본서의 내용들은 '공부를 위한 공부'를 위해 정리한 학습원리들이 아니다. 본서가 제시하는 영어구사의 기본원리들은 베스트셀러들을 읽어나갈 때 완전히 살아 움직이며 작동된다. 독자 여러분들도 원서를 읽으면서 이러한 기쁜 발견을 체험해보기 바란다.

영어 – 학문인가 규칙인가?

영문법이라는 단어에 법法자가 들어있는 데서도 알 수 있듯이, 실용 영어는 학문이라기보다 법규 내지 규칙에 가깝다. 우리가 수많은 영어 문장을 읽고, 들으면서 이해에 문제가 없는 것은 그 영어를 쓰고, 말하는 사람이 규칙에 맞게 하고 있기 때문이다.

또한 우리가 규칙에 맞게 쓰고, 말하면 상대편이 읽고 들어 이해하는 것에 대하여 하등 걱정할 필요가 없다. 서로 규칙만 올바르게 지킨다면 의사소통은 전혀 문제 없이 진행된다.

그러니 영문법 규칙을 우리를 골탕먹이는 골칫거리 방해물이 아니라, 우리가 영어를 잘 사용할 수 있도록 도와주는 친절한 도우미로 대하면 반드시 좋은 결과가 있을 것이다.

제1절 | 즐기면서 익힌다 - 영어 원서 독서

여기서 간단히 필자가 하는 영어 수련 방법을 소개하고자 한다. 영어 공부에 있어서라면, 필자도 누구 못지 않게 열과 성을 다해 오늘날까지 살아온 사람이다. 그런 가운데, 소기의 성과도 달성했고, 누군가에게 비결이라며 전수해 줄 만큼의 노하우도 터득했다. 그러기에 영어라는 목적지를 향해 오늘도 황야를 헤매는 사람들에게 나름 유익이 될 것임을 확신한다.

영어라는 본체의 구성을 어느 정도 파악할 만큼의 어법적 지식이 있다면 - 이 책을 통하여 이미 완성된 부분이다 - 이제는 독서라는 실전훈련으로 방향을 전환할 때이다. 사실, 우리나라에서 중학교만 졸업했으면 사실, 어법실력은 이미 충분하다. 문제는 그 중학생 수준의 문법지식을 제대로 함양하고 있느냐이다. 하지만 그런 상황이 아니더라도 낙담하거나 절망할 일은 아니다. 아직 방법은 있다. 독자 여러분들이 이 책을 통하여 필자를 만났기 때문에 희망과 방법이 있다. 이 책은 나름 쉽게 잘 쓰여졌기 때문이다.

그렇게 본서의 안내와 설명을 따라 여기까지 온 독자들은 이제 영어의 완성도를 높일 마지막 관문만 통과하면 된다. 그 문은 독서라는 쉽고, 재미있고, 유익함 가득한 세계로 들어가는 문이다. 이제 영어 독서의 세계에 본격적으로 들어가 보자.

영어 독서를 어떻게 하면 좋을까? 쉽다. 일단 교보문고라는 온-오프라인 국내 최대, 최고의 서점으로 책 나들이를 떠나자. 그곳에 가서 경제경영이든 자기계발이든 인문학이든 자신이 흥미를 느낄 만한 분야의 해외 베스트셀러 번역본을 찾아보자. 그리고는 목차를 일별해 보고, 머리말을 읽으면서 일독의 가치와 관심 가는 내용인지를 저울질해 보는 것이다. 그렇게 해서 흥미로운 책을 구입하게 되면, 이제 그 번역서의 원서를 구매한다. 현재 재고가 없으면 해외원서 구입신청을 하면 된다. 소위 베스트셀러라는 책들은 독자에의 배송까지 그리 긴 시간이 걸리지 않는다.

그렇게 원서와 번역서를 모두 확보하게 되면, 이제 컴퓨터 앞에다가 앉는다. 그리고는 워드 프로그램을 띄워놓고 번역문 한 줄을 쳐넣는다. 그런 다음에는 그 번역문에 해당하는 원문을 한 줄 처넣는다. 그렇게 계속 해나가면 된다.

관심 많고 유명한 책일수록 이 작업이 더욱 설렐 것이다. 그리고 그럴수록 효과도 더 크다. 누구든 자신이 깊게 매력을 느끼는 일에 더 심취할 수 있고, 성과도 더 좋게 나타나기 마련이다. 론다 번 Rhonda Byrne의 비밀 The Secret을 예로 들어 보자.

〈표 31〉 영문 독서 방법 사례

What you are thinking now is creating your future life.	지금 당신이 하는 생각이 앞으로 당신의 삶을 만들어낸다.
You create your life with your thoughts.	당신은 생각으로 당신의 인생을 창조한다.
Because you are always thinking, you are always creating.	항상 생각을 하니까, 항상 창조하는 삶을 사는 셈이다.
What you think about the most or focus on the most, is what will appear as your life.	당신이 가장 많이 생각하고 집중하는 대상, 바로 그것이 당신의 인생으로 나타날 것이다.
You create your life.	우리는 각자 자신의 삶을 창조한다.
Whatever you sow, you reap!	무엇이든지 뿌리는 대로 거두는 것이다.

Your thoughts are seeds, and the harvest you reap will depend on the seeds you plant.	당신의 생각은 씨앗이고, 거둘 수확은 당신이 뿌린 씨앗에 의해 좌우된다.

종종 원문의 구성이 이해가 안되고 분석적 접근이 어려울 수도 있다. 그런 일이 발생하더라도 고민하거나 좌절할 이유는 하나도 없다. 계속 반복해 나가다 보면 자신도 모르는 사이에 영어에 있어서만큼은 훨씬 더 앞서 나가 있는 자신을 발견하게 될 것이다.

이 같은 방식의 독서법은 크게 두 가지 유익이 있다. 일단 어휘를 실제 사용되는 상황, 다시 말해 문맥을 통하여 익히게 되므로, 살아 있는 어휘 훈련이 가능하다. 문법적 이해력의 증대는 두말할 나위도 없다.

둘째, 이와 같은 독서법의 또 하나의 가공할 만한 유익은 원서의 저자가 책을 통하여 전달하고자 하는 지식을 마치 라이브 공연처럼 생생하게 전달받게 된다는 점이다. 번역서로만 휙 읽고 지나칠 때와는 차원이 다른 소화와 흡수력, 그리고 응용력을 확보할 수 있다. 번역문을 읽으면서 한번, 원문을 옮겨 쓰면서 또 한번, 이해가 잘 안 되는 부분을 좀더 집중하여 읽어가면서 또 한번, 번역자는 왜 원문의 의미를 이렇게 번역했을까 되새겨 보면서 또 한번, 그렇게 여러 차례 번역문과 원문 사이를 오가다 보면, 번역서만 한 번 휙 접하는 일반 독자들은 결코 얻을 수 없는 값진 정신적 자산을 얻는 경지에 이르게 된다. 결국 영문독서의 유익은 영어식 표현상의 매력을 습득하는 것만 의미하지 않는다. 원저자가 원서에서 전달하고자 했던 콘텐츠, 그 본체를 전달받으면서 얻을 수 있는 전문지식도 커다란 수익이 된다.

언어 활동의 네 가지 영역

우리는 영어를 읽고, 쓰고, 말하고, 듣고를 잘 하기 위하여 공부하는데, 역설적이게도, 읽기, 쓰기, 말하기, 듣기를 반복해야만 영어 실력이 제대로 늘어난다. 이 책을 통하여 기본적인 문법에 대한 이해를 갖추고 나면, 그때부터는 본격적으로, 문장으로 된 영어 제품을 풍성하게 먹고, 소화하여, 성장할 수 있는 영어 독서 쪽으로 직행해야 한다. 물론 자기가 소화해 내기에 무리가 없고, 우선적으로 흥미가 가는 책부터 시작하는 것이 중요하기는 하다.

이쯤에서 필자가 보는 관점에서 특히 매력적이라고 여겨지는 인문학 서적의 백미를 나열해 본다. 이미 말한 바 있는 필자의 근간 〈인문학 사장으로의 초대〉에는 [영어독서클럽]에서 교재로 삼을 만한 인문학 명저 전부를 담아냈지만, 여기서는 맛보기로만 제시한다. 장르별로 범주를 나누어본다고 했을 때, 인문학 서적의 대표주자는 다음의 책들이라 할 수 있다. 누구나 대학시절에 한번쯤 들어보았고, 이제 지긋이 나이든 사람들도 다시 한번 반추해보고 싶은 책들일 것이다.

✻ What is history? 역사란 무엇인가, Edward H. Carr 에드워드 카

✻ The Art of Loving 사랑의 기술, Erich Fromm 에리히 프롬

✻ To Have or to Be 소유냐 존재냐, Erich Fromm 에리히 프롬

✻ Influence 설득의 심리학, Robert B. Cialdini 로버트 치알디니

✻ Tuesday with Morrie 모리와 함께한 화요일, Mitch Albom 미치 앨봄

✻ The Story of English 영어 이야기, Philip Gooden 필립 구든

✻ Justice 정의란 무엇인가, Michael Sandel 마이클 샌델

✻ Men are from Mars, Women are from Venus 화성에서 온 남자
   금성에서 온 여자 - John Gray 존 그레이

때로 장르를 나누기가 애매할 수도 있지만, 일단 자기계발서의 범
주에 넣기에 무리가 없는 책들은 다음과 같다.

✻ The Secret 비밀, Rhonda Byrne 론다 번

✻ Outlier 아웃 라이어, Malcom Gladwell 맬콤 글래드웰

✻ Who Moved My Cheese? 누가 내 치즈를 옮겼을까,
   Spencer Johnson 스펜서 존슨

✻ The Present 선물, Spencer Johnson 스펜서 존슨

✻ Peaks and Valleys 피크 앤 밸리, Spencer Johnson 스펜서 존슨

✻ Rich Dad Poor Dad 부자 아빠, 가난한 아빠,
   Robert Kiyasaki 로버트 기요사키

자본주의 시대 상황 속에서 살아가는 현대인들이 알아두어야 할
인문교양 수준의 경제경영 서적으로는 다음과 같은 것들이 있겠다.

** The Great Escape 위대한 탈출, Angus Deaton 앵거스 디턴

** Capital in the 21st Century 21세기 자본론,

토마 피케티 Thomas Piketty

** Marketing Warfare 마케팅 전쟁 –

Al Ries & Jack Trout 앨 리스 & 잭 트라우트

** The 22 Immutable Laws of Marketing 마케팅 불변의 법칙 –

Al Ries & Jack Trout 앨 리스 & 잭 트라우트

** The Zurich Axioms 돈의 원리, Max Gunther 막스 귄터

** Rich Is a Religion 부는 종교다 – Mark Stevens 마크 스티븐스

현대종교의 대표주자라 할 수 있는 기독교의 진면목을 제대로 감별해 본다는 차원에서 다음 종교이성에 관한 서적들도 현대 지성인들이 한번쯤은 훑어보아야 할 만한 명저들이다.

** The Bible 성서

** The Selfish Gene 이기적 유전자, Richard Dawkins 리처드 도킨스

** The God Delusion 만들어진 신, Richard Dawkins 리처드 도킨스

** Bright-Sided 긍정의 배신, Barbara Ehrenreich 바바라 에런라이크

** Atheist Universe 우주에는 신이 없다, David Mills 데이비드 밀즈

** Why I Am not a Christian 나는 왜 기독교인이 아닌가,

Bertrand Russell 버트란트 러셀

** god is not Great 신은 위대하지 않다,

Christopher Hitchens 크리스토퍼 히친스

** Jesus of the Apocalypse 계시록의 예수,

Barbara Thiering 바바라 티에링

** Jesus the Man 사람 예수, Barbara Thiering 바바라 티에링

** The Book That Jesus Wrote − John's Gospel 예수가 쓴 책 −

요한복음, Barbara Thiering 바바라 티에링

** The Case for God 신을 위한 변론,

Karen Armstrong 카렌 암스트롱

** The Moral Landscape 신이 절대로 답할 수 없는 몇 가지,

Sam Harris 샘 해리스

비즈니스 서적은 그 속성상 현재 또는 미래 사업가가 대상이 될 수 밖에 없고, 그 콘텐츠 또한 전문적일 수 밖에 없다. 지역사회의 중소기업 사장님들을 중심으로 영어도 익히며 비즈니스 원리를 미국 경영대학의 기본 교재들을 중심으로 음미해 보는 것도 나름 가치 있는 일일 것이다. 아래에 무난한 비즈니스 전문서적들을 소개한다.

** Brian Finch, How to Write a Business Plan /

3th Edition, Kogan Page, 2010

** Brian R. Ford / Jay M. Bornstein / Patrick T. Pruitt,

Business Plan Guide / 3rd Edition, Wiley, 2007

** Gwen Moran / Sue Johnson, Business Plan Plus, Alpha, 2011

** Harvard Business Press School, Entrepreneur's Toolkit,

HBS Press, 2005

** Jeffrey A. Timmons / Stephen Spinelli, New Venture Creation /

8th Edition, McGraw−Hill Irwin, 2009

✳✳ John W. Mullins, The New Business Road Test /
2nd Edition, Prentice Hall, 2003

✳✳ John Westwood, How to Write a Marketing Plan,
3rd Edition, Kogan Page, 2007

✳✳ Keith Cameron Smith, The 10 Secrets of Entrepreneurs,
Piatkus, 2012

✳✳ Kenneth D. Weiss, Building an Import/Export Business /
3rd Edition, Wiley, 2002

✳✳ Marla Markman (Editor), Start Your Own Business /
5th Edition, Entrepreneur Press, 2010

✳✳ Michael Morris, Starting a Successful Business /
6th Edition, Kogan Page, 2008

✳✳ Philip Kotler / Gary Armstrong, Principles of Marketing /
15th Edition, Pearson, 2014

✳✳ Rhonda Abrams, Business Plan in a Day, Capstone, 2008

✳✳ Rhonda Abrams, Six-Week Start-Up /
2nd Edition, The Planning Shop, 2010

✳✳ Rhonda Abrams, Successful Business Plan: Secrets & Strategies /
5th Edition, The Planning Shop, 2010

✳✳ Rhonda Abrams, What Business Should I Start?,
The Planning Shop, 2004

✳✳ Steven D. Strauss, The Small Business Bible, Wiley, 2005

영어인문학에 입문하면서 누릴 수 있는 호사 내지 사치는 아무래도 성과 관련된 교양서적 독서에의 탐닉일 수도 있다. 성생활도 삶을 구성하는 중요한 테마이자 영역이므로 선입견 없이 일독을 권한다.

※ Mars and Venus in the Bedroom
　　화성남자 금성여자의 침실가꾸기 − John Gray 존 그레이 (19금)
※ The Joy of Sex 황홀한 섹스 − Alex Comfort 알렉스 컴포트 (19금)
※ My Secret Garden 나의 비밀 정원 −
　　Nancy Friday 낸시 프라이데이 (19금)

스포츠 종목이 한없이 다양하지만, 여기서는 필자가 생업으로 깊숙이 관계되어 있는 활쏘기Archery를 중심으로 소개한다.

※ The Simple Art of Winning, Rick McKinney
※ Archery − The Art of Repetition, Simon S. Needham
※ Precision Archery, Ruis Stevenson
※ Total Archery, Kisik Lee
※ The Heretic Archer, Vittorio & Michele Frangilli

영어 고수와 하수의 차이

　영문법의 기초를 어느 정도 갖추고 난 다음에는 실제로 사용하는 길만이 영어의 고수가 되는 유일한 길이라고 할 수 있다. 그렇다고 했을 때, 자신이 어느 정도 영어의 기초가 있는 사람임에도 불구하여 여전히 영어가 서툴고 자신감이 없다면 스스로 반성해볼 필요가 있다. 자신이 정말 실습에 게을렀던 것은 아닌지, 핵심적인 숙련방법을 도외시한 채 지엽적인 문제에만 매달리며 본질을 외면하고 있지는 않은지 말이다.

　단편들에만 매달려서는 하수를 벗어날 수가 없다. 고수는 원리를 꿴다. 영어의 고수가 되자면 거시적으로 어떤 원리를 꿰뚫어야 할까? 제아무리 어려운 문법책을 끼고 살아도, 단편적 암기만으로는 고수가 될 수 없다. 그러한 문법적 사항을 꿰뚫고 흐르는 원리가 무엇일까를 체득해야 한다. 그런 가운데 최후, 최종적으로 영어 고수가 되는 원리가 있다면 그건 풍부한 독서와 실제 사용 기회에의 도전 및 그러한 실습기회의 확대를 도모하는 것일 것이다.

제2절 │ 누구나영어독서클럽

우리는 영어를 배우기 위하여 영어를 배우지는 않는다. 학습을 위한 학습은 의미가 없다는 말이다. 너무나 당연한 얘기지만, 우리는 실생활에서 활용하기 위하여 영어를 배운다. 토익, 토플이나 기타 까다로운 시험에 통과하기 위하여서라면 여타 전문적인 수험서를 깊이 파야 할지 모르겠지만, 단언컨대 비즈니스 영어 구사와 이번 장에서 제공할 영어로 즐기기 팁들의 주인공이 되는 데에는 본서가 제공한 영어구사 원리의 틀만으로 충분하다.

일찍이 공자님께서는 사람이 인생을 살아가는데 필요한 양대 덕목이 예禮와 악樂이라고 했다. 예는 당연히 사회규범에 관한 얘기일 테고, 우리에게 반가운 메시지는 악, 다시 말해 즐길거리로서의 음악 부분이다. 살아가면서 누릴 수 있는 궁극의 즐거움에는 역시 음악만한 것이 없다 하겠다. 또한 악은 '쾌락' 이라는 단어에서 보듯이 즐길 락, '인자요수' 에서도 보듯이 좋아할 요자字로도 쓰인다. 그렇게 우리가 좋아하고 즐길만한 것으로 음악은 물론 독서 내지 영화도 빼놓을 수 없겠다. 결국 영어를 익혀 우리가 탐닉할 만한 중요한 3대 즐길거리가 음악, 독서, 영화라는 말이다. 그 쉬운 영어를 어렵게 배워 고작 '간단한 회화 몇 마디' 하는 것에서 멈춘다면 이는 참으로 안타까운 일이다.

본서가 영어를 익히는데 필요한 이론서라면, 사실 영어를 익혀 활용할 방법론을 안내하는 필자의 실용서는 따로 있다. 〈인문학 사장으로의 초대〉라는 서명으로 조만간 출간될 예정인 책이 바로 그것이다. 그 책은 영어를 배워 어떻게 활용할 것인가, 그리고 거기서 한

걸음 더 나아가 기본을 익힌 영어를 어떻게 더 세련되게 다듬을 것인가를 주제로 깊이 있는 방법론을 제시하고 있다. 그 책에서 중점적으로 다루어지고 있는 내용이 영어로 즐기는 음악, 영화, 그리고 인문독서이다.

노랫말의 의미를 알고 듣는 노래와 무슨 뜻인지 모르며 그냥 듣는 명팝송의 감흥은 그야말로 천양지차이다. 본서로 영어의 기본을 완성하고, 또 기본적으로 음악 듣는 것을 즐겨 한다면 독자 여러분은 이제 명팝송의 주인공이 될 수 있다. 왜냐하면 여러분에게는 필자의 두 책과 같은 안내서가 있고, 또 강력한 유튜브YouTube 자원에 곧바로 접근할 수 있기 때문이다. 금과 다이아몬드 같은 보석은 생명을 걸고 어렵게 땅속을 파헤쳐 들어가야 얻을 수 있지만, 그에 못지 않은 값어치의 문화적 보석으로서의 음악, 영화, 영어 인문서는 지금 당장 어느 자리에서나 소유하고 즐길 수 있다. 어쩌면 우리가 힘들게 직업전선에서 일하는 것도 결국은 우리가 탐닉할 재료들을 확보하고 그것을 즐기기 위해서일 것이다.

우리가 영어로 누릴 수 있는 문화적 즐길거리는 무궁무진하다. 생명이 이어지는 한 누군가는 또 새로운 영감으로 감동 가득한 노래를 지어낼 것이고, 또 인문학 정신으로 충만한 선각자는 새로운 인문학적 저술의 지평을 계속 열어갈 것이기 때문이다. 이쯤에서 필자가 강력 추천하는 대표적 명팝 가수 몇 명과 그의 대표적 명곡 몇 가지만 열거해 본다. 흥미 있는 독자들은 유튜브에 가수와 노래 제목을 'Lyrics'라는 검색어와 함께 입력하여 필자의 취향을 평가해보기 바란다. 평가점수가 낮을 경우, 굳이 변명거리를 하나 덧붙인다면, 이러한 노래들은 학습목적 차원에서 볼 때 높이사줄 만한 것이었다고 발뺌하고 싶다.

❋❋ Adele

　─ Set Fire to the Rain

　─ Someone like You

　─ Rolling in the Deep

❋❋ Barbra Streisand

　─ Evergreen

　─ I Finally Found Someone

　─ My Heart Belongs to You

　─ Memory

　─ Woman in Love

　─ You Don't Bring Me Flowers

　─ The Way We Were

❋❋ Bruno Mars

　─ Grenade

　─ When I Was Your Man

❋❋ Celine Dion

　─ Falling into You

　─ I'm Alive

　─ I Surrender

- My Heart Will Go on
- Seduces Me
- The Power of Love

** Joan Baez
- Green Grass of Home
- Mary Hamilton
- The River in the Pines
- Wayfaring Stranger
- House of the Rising Sun

** Kelly Clarkson
- Because of You
- Stronger

** Lady Gaga
- Poker Face
- Bad Romance

** Lara Fabian
- I Will Love Again
- Adagio
- Broken Vow
- Love by Grace

** Lionel Richie

- Hello

- Say You Say Me

** Maroon5

- Lucky Strike

- Sugar

** Richard Marx

- Now and Forever

- One More Time

- Right Here Waiting

** Sam Smith

- Lay Me Down

- Stay with Me

** The Corrs

- Dreams

- Only When I Sleep

** Whitney Houston

- All the Man That I Need

- I Have Nothing

– I Will Always Love You

– Saving All My Love for You

영어와 자전거 타기

영어는 자전거 타기와 같다. 처음에는 잘 타려고 해도 안 되는데, 일단 배우고 나면, 잘못 타려고 해도 그게 잘 안 된다.

그런데 자전거를 아무리 잘 탄다고 절대로 넘어지는 일이 없는 건 아니듯이, 영어도 때로 조금 틀리기는 한다. 하지만 영어 자전거를 타고 목적지에 가는 데에는 전혀 지장이 없다.

음악과 인문독서의 중간지대 쯤에 있다고 할 수 있는 영화는 영화대로 나름 매력적인 장르이다. 관심만 가지면 자신의 취향에 맞는 영화의 대본을 구하는 건 그리 어렵지 않다. 특히나 구어체 영어 자원이 풍부한 영화대본은 우리가 영어를 익히고 즐기는데 또 다른 기쁨과 풍미를 제공한다. 그렇게 영화를 즐긴 다음에 원작 소설을 음미해볼 수 있고, 반대로 원작소설이 영화화되면 주연배우가 발산하는 매력을 가미해서 영상미와 함께 회화체 영어의 진수를 만끽해 볼 수도 있다. 음악에 듣기 편한 Easy-listening 계열의 발라드 쯤에 해당하는 것이 로맨틱 코미디 Romantic Comedy 장르의 영화이다. 대표적인 작품이라 할 만한 영화들의 대강도 〈인문학 사장으로의 초대〉에 풍부하게 실었다. 학습재료 차원에서 강추할 만한 명화들을 일별해 보면 다음과 같다.

※ Contact 콘택트

※ Doctor Zhivago 닥터 지바고

※ English Patient 잉글리쉬 페이션트

※ Forrest Gump 포레스트 검프

※ Great Expectations 위대한 유산

※ Jerry Maquire 제리 맥과이어

※ Love Story 러브 스토리

※ Notting Hill 노팅 힐

※ One Fine Day 어느 멋진 날

※ Out of Africa 아웃 오브 아프리카

※ Pretty Woman 귀여운 여인

※ Roman Holiday 로마의 휴일

※ Romeo and Juliet 로미오와 쥴리엣

※ Sleepless Night in Seattle 시애틀의 잠 못 이루는 밤

※ Stepmom 스텝맘

※ Titanic 타이타닉

※ The Devil Wears Prada 악마는 프라다를 입는다

※ You've Got Mail 유브 갓 메일

※ While You Were Sleeping 당신이 잠든 사이에

객관적으로 영어는 배우기 쉬운 언어이다. 이제까지 본서에서 익힌 내용만으로도 이러한 사실에 충분히 공감할 것이다. 그렇다고 그

것이 영어완성의 종착역은 아니다. 금광을 뚫는 기술을 배웠으면, 실제로 황금을 캐내야 대미를 장식했다고 할 수 있다. 진정 영어를 제대로 익히고자 하는 사람이라면 사실, 의식의 전환이 필요하다. 삶의 방식과 철학 자체가 바뀌어야 한다. 무슨 말이냐 하면, 삶의 패턴을 영어지향적으로 바꿔야 한다는 얘기다.

노래가 좋아서 콘서트에 가기도 하지만, 콘서트에 다니다 보니 새로운 음악의 세계에 눈을 뜨게 되는 것도 사실이다. 영어를 잘 하기 위해 영어 독서와 영어로 된 대중문화 콘텐츠를 접하려 할 수도 있지만, 영어지향적으로 살다 보면 자신도 모르게 고급영어 정복자, 구사자가 되기도 한다. 영어적 지성을 쌓기 위한 노력 없이 겨우 생활영어 몇 마디에만 목을 맨다면 그건 스스로를 처량하게 하는 일이다.

따라서, 이제부터 삶의 패턴과 철학을 바꾸자. 현재의 생업과 관계없이 삶의 목표를 고도의 지적 자산 구축에 두는 인식욕의 소유자, 고등지성인을 지향해야 한다. 일상에서 만들 수 있는 시간 중에 독서를 위한 시간을 가장 특별히 마련하고, 지적 탐구에 우선순위를 배정해야 한다. 일반 인문학 분야에서 누가 지성적인 목소리를 내는지, 자신의 사업분야에서는 어떤 책이 높은 가치의 지식정보를 배태하고 있는지 눈여겨 필터링filtering해야 한다. 이러한 과정에 영어 능력은 아주 중요한 매개체가 될 것이다. 자신이 지향하는 지식에 다가가는데 영어가 장애물이 되지 않는 상황, 그것을 위해 영어를 익히는 것이 가장 바람직하게 영어를 익히는 자세이다.

해외 여행 중 공항 면세점에서 서점에 들르지 않는다면 이미 지성인이 아니다. 교보문고 나들이 중에 외국어서적 코너를 멀리 돌아간다면, 아직 글로벌 지성인이 아니다. 책을 통하여 입바른 소리하는 친구들의 생각을 자신의 가치관으로 재평가하고 있지 않다면, 아직 지성인이라고 할 수 없다.

이러한 지성은 모든 가치창조 활동에 깊이를 더하고, 역사적 가치를 높인다. 그가 음악을 업으로 하는데 지성이 깊다면 사람들이 들어 더욱 전율할 것이요, 깊은 영혼의 울림을 이끌어낼 것이다. 그가 춤을 추는데 지성을 겸비했다면, 단순히 몸동작으로만 승부를 걸지 않을 것이요, 인터뷰가 세련될 것이며, 초대받아 던지는 심사평이 예사롭지 않을 것이다.

노래를 들어도 마찬가지이다. 영어는 전혀 모르는 가운데 명곡 팝송을 듣는 것과, 원곡의 노랫말이 품고 있는 깊고 그윽한 어감을 온전히 전달받으며 듣는 팝송의 감흥은 천지차이라고 했다. 현대 IT 산업의 총아인 유튜브 YouTube는 명팝송의 노랫말Lyrics을 아름다운 영상과 함께 풍성하게 제공하므로 배우면서 즐기는 영어학습의 도구로서도 환상적인 매체이다.

이제까지 학습한 내용을 바탕으로 영어에 흐르는 제반 원리를 이해하였음에도 개별 단어들이 발음부터가 생소하다면, 유튜브는 발음훈련에도 최적격이다. 명품 팝송들을 들으며 음악도 즐기고 노랫말을 구성하는 단어들이 어떻게 발음되는지 연습할 절호의 기회가 되기도 한다.

본서로 영어의 원리를 익히고, 유튜브 노랫말로 개별 단어들의 발음을 익히고, 영문 독서를 통하여 어휘를 늘려나가면 그야말로 영어의 완전학습이 가능하다. 다만, 이러한 모든 유익과 필요성을 절감하면서도 감히 첫발자국을 내디딜 용기나 자신감이 없다면 또 다른 방법이 있다. 바로 필자가 운영하는 '누구나영어독서모임' 프로그램이다. 수도권 거주자라면 접근성을 십분 활용하여 독서모임의 효과를 체득할 수 있을 것이다. 그리고, 원거리 거주자라 해도 기본적인 교류를 통하여 어느 정도 유익을 얻을 수 있을 것이다. 창업 아이템으로 컨설팅 해드릴 수 있고, 지혜의 공유도 가능하다. 이에 대하여는 앞에서 말한 〈인문학 사장으로의 초대〉라는 책에 자세히 싣고 있다.

자습 말고 외부 프로그램에 참여하는 것의 유익 또한 여러 가지이다. 누구나 자습만으로 최고의 학습 경지에 도달할 수 있다면 얼마나 좋을까! 하지만 아무나 그렇게 될 수는 없다. 나태라는 적들이 곳곳에 도사리고 앉아 진로를 방해하기 때문이다. 혼자 가면 십중팔구 도중하차하게 된다. 왜냐하면, 중도에서 포기해도 보는 사람이 없기 때문이다. 포기하는 자신의 부끄러운 모습을 아무에게도 들킬 염려가 없기 때문에, 누구나 스스럼 없이 포기할 수 있는 것이 자습의 위험성이다. 그렇기 때문에 일정 수준에 도달하지 못한 사람은 함께 가는 것이 좋다.

천하에 선생 없이, 코칭coaching없이 일류가 된 사람은 없다. 사람은 원래 그런 존재이다. 홀로는 절대로 설 수 없는 존재, 홀로는 효율이 떨어지는 존재, 홀로는 긍정적인 면보다 부정적인 면이 훨씬 더 많은 존재, 그것이 인간이다. 그것이 '누구나영어독서클럽' 이 빛을 내며 존재해야 하는 이유이다.

잘 하기와 잘 가르치기의 상관관계

2002년 월드컵 4강 신화의 중심에 있었던 히딩크의 경우도 그렇다. 그가 공을 잘 차고 못 차고는 중요한 것이 아니었다. 선수들이 공을 잘 차도록 지도하는 것이 그에게 요구되는 덕목이었다.

영어의 경우도 마찬가지이다. 영어를 할 줄 아는 능력으로 치면 미국에만 3억 몇 천만 명이 넘는 원어민들이 널려 있다. 그들이 영어를 너무나 손쉽게 말하며 산다고, 그들 모두가 영어를 가르치는 것도 잘 할 수 있다 할 수 있을까? 결코 그렇지 않다.

국내 수많은 다문화 가정의 동남아 여성들에게 우리 한국 사람 모두가 손쉽게 한국어를 가르칠 수 있을까? 천만의 말씀이다. 그러한 이유로, 비록 누가 원어민일지라도 그것이 그가 우리의 교사가 되는 것과는 아무런 상관관계가 없음에 대한 인식이 필요하다.약은 약사에게, 진료는 의사에게! 영어 가르치기는 가르치기 전문가에게!!

제3절 │ 영어에서 범주화가 갖는 의미

영어를 익히는 것이 얼마나 쉬운 일인지부터 시작하여, 이것만 알면 급한 대로, 그러면서도 그것만으로 감히 충분하다고 말할 수 있는 핵심 영어구사의 원리를 제시하다 보니, 이제 마지막 장에 다다랐다. 그런 면에서, 본 절은 말하자면 에필로그에 해당하는 절이다.

영어 구사의 핵심원리를 익혔다고 곧바로 영어 고수가 되는 것은 사실 아니다. 우아한 영어 구사를 위하여는 한 가지 할 일이 더 있었다. 자신의 라이프스타일 lifestyle을 영어스럽게 바꿔나가야 한다고 했다. 인문교양이든, 경제경영이든, 자기계발이든, 종교이성이든 끊임없이 폭넓은 영어 원문독서가 이루어져야 한다고도 했다. 삶 자체가 지적생활스러워야 하고, 잉글리쉬English해져야 한다고도 했다.

또 하나 고급스럽고 이지적인 삶의 완성을 위하여 제안하고 싶은 부분이 지적 생활 부문에서 범주화Categorization 안목을 높이는 것이다. 자신이 아는 지식, 그리고 자신이 알고 싶은 영역을 끊임없이 범주화해 보도록 노력하는 것이다.

여기서 한 가지 생각해 볼 부분이 있다. 이 책의 개별 각 장은 영어를 구성하는 콘텐츠Contents를 무언가의 기준에 의하여 분류 내지 범주화되고 있다. 그런데 우리가 주목할 부분은 그렇게 덩어리를 나누는 경계선이다. 각각의 경계를 나누는 근거 내지 이유는 무엇일까? 뭔가 기준과 잣대가 있지 않았을까? 그렇다. 그렇게 분류한 바탕에는 범주화 개념이 있다. 범주화 Categorization한다는 것은 카테고리 Category별로 분류한다는 의미이다.

그런데 이런 분류작업은 그냥 되는 것이 아니다. 카테고리를 나누기 위해서는, 각각을 별도의 카테고리로 묶을 수 있는 기준, 즉 차이점을 파악할 수 있어야 한다. 그렇게 각각의 차이를 구분하는 능력, 그것이야말로 지식이다.

영어 공부를 제대로 한 사람이나 본서를 계속 따라온 독자라면, 이제 범주화가 영어학습에 얼마나 커다란 영향을 미치는지에 대하여 공감할 것이다. 영어는 사실 범주화에서 시작하여 범주화로 끝난다 해도 과언이 아니다. 왜냐하면, 영어 자체가 범주화의 산물이고, 범주화로 완성되기 때문이다. 본서에서 다루었던 콘텐츠를 범주화라는 개념을 기준으로 다시 정리하여 요약한다.

첫째로, 제1장에서 정리한 문장의 구성 원리에도 범주화 개념이 도사리고 있다. 모든 영어 문장은 크게 둘 중 한 가지로 나누어졌다. 주어의 동작을 묘사하거나 주어의 상태를 서술하는 문장, 둘 중 한 가지로 범주화할 수 있었다. 주어 다음에 일반동사가 오면 주어의 동작을 묘사하는 형식의 문장이 되고, 주어 다음에 be동사가 오면 주어의 상태를 서술하는 문장이 되었다. 전자는 〈주어 + 일반동사 + 목적어〉의 형태를 취하고, 후자는 〈주어 + be동사 + 보어〉의 형식을 취한다고 이제껏 책의 내용 속에서 여러 번 반복하였다. 참으로 간단한 범주화지만, 이를 이해하면 영어가 쉽고, 어렵지 않게 영어의 고수가 될 수 있다. 이러한 범주화의 기술을 모르면, 늘 단편적인 지식에만 머물고, 영어가 항상 어렵고 자신과는 먼 나라의 이야기에 머물게 된다.

둘째로, 영어학습에서 또 하나의 범주화 개념 적용 사례가 제2

장 품사 개념 부분이다. 품사의 개념과 그 분류기준의 바탕에 범주화가 있다. 사실 영어학습은 품사와의 전쟁이다. 각 품사의 기능을 이해하면 영어학습은 끝난 것이나 다름없다. 품사는 여덟 가지 종류로 범주화되었는데, 이렇게 여덟 가지 종류로 범주화되는 기준은 무엇일까? 용도였다. 영어의 수만 가지 단어를 용도별로 분류하면 여덟 가지 종류, 즉 용도로 나눌 수 있다는 것이다. 이렇게 용도별로 나눈다는 것 자체가 범주화이다.

1. 명사로 분류되는 단어들은 주어, 목적어, 보어로 쓰였고,

2. 대명사는 명사를 대신하여 쓰이는 종류였으며,

3. 동상사로 분류되는 단어들은 주어 다음에 와서 주어의 동작이나 상태를 서술하는 기능을 했고,

4. 형용사는 명사를 형용하는 역할을 하는 단어들이었으며,

5. 부사는 동사나 형용사나 다른 부사를 부수적으로 수식하는 단어들이었고,

6. 전치사는 명사와 결합하여 다시 형용사나 부사로서의 역할을 하였으며,

7. 접속사는 종속절을 명사절, 형용사절, 부사절로 만들어 주절에 접속시키는 단어들이었고,

8. 감탄사는 감탄을 묘사하는 단어들이었다.

우리가 늘 갖고 다니는 스마트 폰에는 수십만 단어가 저장되어 있다. 필요한 의미의 단어를 찾아, 주어, 동사, 목적어 또는 보어, 수식어 자리에, 위의 여덟 가지 품사 범주의 용도에 맞추어 집어넣기만 하면 된다. 어휘력이 있네 없네 고민할 필요도 없다. 수만 가지 단

어들을 범주화한 품사라는 개념은 영어에 앞서가고, 영어효율을 높이는데 매우 긴요하고 유익한 도구임을 마음에 새기면 놀라운 결과가 있을 것이다.

셋째로, 제3장 동사의 변신에서 다룬 부정사, 동명사, 분사, 분사구문도 동사라는 범주에 속한 단어들을 다른 품사 범주로 변용하는 기술이었다. 동사를 부정사화시키는 범주로 들어가면, 이를 명사, 형용사, 부사로 쓸 수 있었다. 동사 카테고리를 동명사화하는 작업을 거치면 명사라는 범주로 활용할 수 있게 되었다. 동사 범주에 속한 단어들을 현재분사나 과거분사로 변형시키면 형용사라는 범주에 속하게 만들 수도 있었다. 또한 분사구문으로 만들면 동사는 부사라는 카테고리로 변화되었다.

넷째로, 제4장 전치사 활용 편에서는 전치사 범주에 들어가는 단어와 명사에 들어가는 단어를 결합시켜 형용사나 부사의 범주로 들어가게 하는 핵폭탄 제조 같은 기술이 가능하였었다.

다섯째로, 제5장은 접속사 중에서도 종속접속사 범주에 들어가는 친구들이 하는 일에 관한 것이었다. 덩어리 품사로서는 동사 변신과 전명구 외에 또 하나 중요한 카테고리가 바로 접속사로 유도되는 명사절, 형용사절, 부사절이다. 종속절 하나가 통째로 하나의 품사 기능을 담당하는 경우를 살폈다.

여섯째로, 범주화를 활용한 또 다른 어휘학습 도구를 제6장 단어의 구성원리 편에서 살펴보았다. 단어에는 골격이 되는 어근이 있고, 이에 접두어가 붙는 카테고리의 단어들이 있었다. 그렇게 되면 의미가 새롭게 확장될 수 있었다. 또한 단어에 명사화, 형용사화, 동사화, 부사화시키는 카테고리의 접미어들을 붙여 품사를 원하는 대로 변환시키는 기술도 있었다.

영어는 품사에서 시작하여 품사로 끝난다고 했으니, 이제 품사 출생의 비단길을 표에 하나로 정리하면서 대장정을 마무리해 보자. 덩어리 품사인 구, 절 등은 덩어리 전체를 하나의 품사로 보았다. 덩어리 품사의 탄생 루트는 동사의 변신을 통한 부정사, 동명사, 분사, 분사구문 그리고, 전치사와 명사의 결합인 전명구, 그리고 종속접속사의 활약을 통한 명사절, 형용사절, 부사절을 들 수 있었다.

〈표 32〉 핵심 품사의 출생 루트

범주	입적 경위	입양경로	결과물
1	순수 출생	모태	명사, 형용사, 동사, 부사 noun, happy, act, well
2	접사 활용	접미어	명사, 형용사, 동사, 부사
3	동사의 변신	부정사	명사, 형용사, 부사
4		동명사	명사
5		분사	형용사
6		분사구문	부사
7	전치사 결합	전명구	형용사, 부사
8	접속사 결합	종속절	명사, 형용사, 부사

책 한 권을 모두 독파하고 나서 돌이켜 보면, 독자 여러분들이 실제로 한 것은 이러 저러한 범주화 작업 내용을 익힌 일 뿐이었다. 이러한 범주화 기술을 통하여 영어에 흐르는 원리를 학습한 여러분들

의 앞날에 영광스러운 영어 인생이 펼쳐지기를 기원하면서, 책의 내용을 범주화 개념에 대한 이해의 촉구 속에 총정리한다.

⟨표 33⟩ 본서 내용의 범주화

무기	책의 내용	주요 소재
총	1장 문장구성의 원리	1. 주어 + 일반동사 + 목적어 2. 주어 + be 동사 + 보어
총알	2장 품사의 개념 3장 동사의 변신 4장 전치사 활용 5장 접속사 활용 6장 단어 구성원리	− 8 품사의 용도 − 부정사, 동명사, 분사, 분사구문 − 전명구와 형용사, 부사 − 명사절, 형용사절, 부사절 − 접사를 통한 의미 및 품사변환
전략	9장 범주화	영어와 세상을 움직이는 기술

한 가지 더 권장드릴 일이 있다. 범주화 기술은 사람이 살아가는 모든 영역에 걸쳐 활용될 수 있는 지식이다. 그리고 현재의 모든 지식은 실제 범주화라는 작업을 거쳐 완성된 것들이다. 따라서, 기존의 지식을 흡수할 때에도 범주화라는 돋보기를 통하여 유용하게 바라보고, 새로운 지식을 창출할 때에도 범주화라는 프리즘을 통하여 원하는 콘텐츠를 성공적으로 도출해낼 수 있기를 기원 드린다.

직독직해는 옳은가? 가능한가?

제법 길다란 영어 문장을 읽어나가는 순서대로 바로 바로 해석해야 한다는 – 해석하도록 하자는, 그야말로직독직해, 직독직역은 정말 옳을까? 절대로 아니다. 이는 언어구조상의 문제 때문에 그렇다. 우리말은 후치를 원리로 하지만, 영어는 전치를 원칙으로 한다.

Very rich businessman과 같이 한 단어짜리 수식어들로 구성된 극히 단순한 구조 이외의 문장에서 직독직해는 옳지도 가능하지도 않다. 그리고, 초등학생용 영어동화의 경우를 제외한, 수많은 실용영어, 전문영어의 경우는 현실적으로 이런 한 단어짜리 수식어는 별로 없다. 아래 예문을 보자.

If the Engineer makes minor modifications to the working method proposed by the Subcontractor within the Specifications of the Main Contract, the Subcontractor shall execute the Subcontract Works in accordance with the modified working method to the satisfaction of the Contractor and the Engineer without additional charge.

만약 감리감독관이 원도급 계약의 시방서 범위 내에서 하도급자가 제안한 작업방법에 대하여 경미한 수정을 가한 경우에, 하도급자는 추가적인 비용청구를 하지 않고 시공자와 감리감독관을 만족시키도록 수정된 작업방법을 따라 하도급 계약 공사를 시행한다.

〈전치사 + 명사〉 구가 형용사 내지 부사로 기능하며 앞에 전치하는 개념을 수식하는 상황에서 수식 받는 개념을 우리말 식으로 먼저 해석한다는 것은 말이 안 된다. 위 예문의 If 조건부사절을 먼저 보자.

If the Engineer ①makes ②minor modifications ③to the working method ④proposed ⑤by the Subcontractor ⑥within the Specifications ⑦of the Main Contract

위 예문에서 1번 개념을 2번 개념보다 먼저 해석할 수는 없다. 우리 한글은 그렇게 쓰는 언어가 아니다. 2번은 3번에 후행되어야 한다. 3번은 4번에, 4번은 5번에, 5번은 6번에, 6번은 7번에 후치되어야 그게 우리말이다.

I love you. 정도 단순한 문장은 〈나는 사랑한다 너를〉이라고 해도 의미전달이 가능할 모르겠으나, 제법 복잡한 문장을 그렇게 한다는 것은 어림 반푼어치도 없는 일이다.

to the bank를 〈으로 은행〉로 직독직해를 한다면 얼마나 우스운 얘기가 되겠는가 말이다. 영어문장을 뒤에서부터 해석해 오는 것은 편법이 아니라, 원래 당연히 그렇게 해야 하는 것이었다.

부록

영어 상식 몇 가지

제1편 문장의 종류

이런 저런 내용을 다 집어넣어 분량만 방대한 책을 만들 생각은 없으나, 본서가 지향하는 학습목표가 누구든 이 책을 통하여 영어의 기본을 손쉽게 완성하게 한다는 차원에서 본 절의 내용도 어느 정도는 필요하다고 생각하여 편입시켰다. 따라서, 평서문, 의문문, 명령문, 감탄문, 기원문이라는 문장의 모든 종류 중 여기서는 실용성이 높은 의문문, 명령문까지만 다룬다.

제1항 평서문

가장 기본이 되는 문장의 종류는 평서문 平敍文이다. 평범하게 서술된 문장이라는 뜻이다. 우리가 일반적으로 대하는 모든 문장이 평서문이다. 이러한 평서문을 바탕으로 의문문이나 명령문 등이 나오게 된다.

제2항 의문문

비즈니스 서한이나 회화체에서는 상대방에게 부득이 질문을 하게 된다. 이때에는 원칙적으로 동상사가 주어에 선행하는 도치가 일어나게 된다. 평이한 낮길에서는 주인공 이도령이 양반으로서 앞서 걷지만, 밤길은 위험하니 조동사 방자가 호롱불을 들고 앞서며 의문점을 살펴 걷는다고 비유하면 어떨까 싶다.

평서문이 〈주어 + 일반동사 + 목적어〉의 구조와 〈주어 + be동사 + 보어〉의 형태로 갈라졌던 것처럼, 이 두 문형의 의문문도 형태를 달리한다. 일반동사 문장의 의문문에서는 〈Do + 주어 + 일반동사 +목적어?〉 형태가 되고, be동사 문장은 〈Be동사 + 주어 + 보어?〉 형태의 문장구조를 갖게 된다. 예문을 보면 더 쉽게 이해가 갈 것이다.

Do you have a car? 너는 자동차가 있니?
Are you happy now? 너는 지금 행복하니?

진행형, 수동태, 완료시제의 평서문도 의문문이 되면, be동사 또는 have 동사 부분이 시제를 반영하면서 문장의 앞으로 나온다.

Are you going to the school? 학교에 가는 길이니?
Is this piano used by her? 이 피아노는 그녀가 사용하는 거니?
Have you been to Europe? 너는 유럽에 가본 적 있니?

must, can, could, may, might, shall, should, will, would 등과 같은 조동사가 있는 문장에서는 이러한 조동사가 문두로 나간다.

Can you speak English? 너는 영어를 말할 수 있니?
Shall we dance? 함께 춤 추실까요?

흔히 육하원칙에 사용한다는 의문사 when, where, who,

what, how, why가 문두로 나가서 의문문이 되는 경우도 다반사이다. 의문사가 들어가더라도 문장의 순서는 일반적인 의문문과 같다.

When did you get married? 너 언제 결혼했니?

Where are you from? 너는 어디 출신이니?

How have you been? 넌 어떻게 지냈니?

그 외에도 부가의문문, 선택의문문, 간접의문문 등이 있으나, 위의 기본 원리만 알면 모두 소화할 수 있는 내용이므로 여기서는 이 정도로 마친다.

제3항 부정문

부정문은 굳이 문장의 종류라 할 수는 없지만, 꼭 알아두어야 하는 내용이다. 긍정에 반대되는 부정의 문장을 만들 때에는 의문문의 원리가 비슷하게 작용되는 가운데 not이 도입된다.

1. 주어 + do not + 일반동사 + 목적어
2. 주어 + be동사 + not + 보어
3. 주어 + 조동사 + not + 본동사

I do not have enough money. 나는 충분한 돈이 없다.

He is not so rich. 그는 그다지 부유하지 않다.

I will not go there. 나는 거기에 가지 않겠다.

제4항 명령문

명령문은 학습이 필요하다 할 것도 없이 간단하다. 명령을 받는 상대편은 당연히 You이므로, 이러한 You만 생략하고 문장을 서술하면 된다. 모든 영어 문장이 〈주어 + 동상사 + 목적어/보어〉의 구조를 갖는다 했으니, 명령문은 주어가 없는 것이 아니라, 생략된 것으로 이해하면 오해가 없겠다.

Open the door, please? 문을 좀 열어주시죠?

Let's go for dinner. 저녁 먹으러 가자.

사람들이 영어를 잘 못 배우는 이유

〈가난한 사람은 가난하기 때문에 가난하다〉라는 말은 참으로 맞는 표현이다. 가난하면 가난에서 벗어나기가 매우 어렵다. 그는 이미 모든 것에서 가난하고, 마음마저도 가난해져 있다.

영어도 마찬가지이다. 영어를 못하는 사람은 못할 만한 이유를 가지고 있다. 일단 잘하는 방법을 알려주는 책을 분별해내지 못한다. 고생만 하고 성과도 없는 책만 가지고 헤맨다. 그런데 이런 사람들은 정말 좋은 책과 아주 유익한 강연을 알려주어도, 읽어 보고 들어보려 하지 않는다. 자신의 마음에 안 들어 보이기 때문이다.

이러한 사람들은 설령 책을 집어 읽고, 강연회에서 엄청난 콘텐츠를 듣는다 해도 절대로 콘텐츠를 받아들이지 않는다. 수용을 거부하는 특유의 옹고집이 그가 영어에 앞서 나가는 것을 거부하게 만들기 때문이다.

모든 문장은 단지 둘 중 한 종류이고, 하나는 주인공의 동작을 묘사하며, 다른 한 종류는 주인공의 상태를 나타내고, 〈주어 + 일반동사 + 목적어〉가 첫째 스타일이며, 〈주어 + be동사 + 보어〉가 둘째 형식이라 설명해도, 이 간단하고 쉬운 원리를 절대 수용하려 하지 않는다.

단어들도 통상 접두어를 붙여 의미를 바꾸고, 접미어를 붙여 품사를 전환, 즉 다른 용도의 품사로 전용할 수 있다. 이렇게 하면 어휘력이 몇백 퍼센트 이상 곧바로 늘어난다고 알려주어도 거들떠도 보지 않는다.

누구는 마음이 가난한 사람이 복이 있다고 했는데, 현실적으로 마음이 가난한 사람은 계속 가난할 뿐이다. 영어 마음이 가난한 사람도 결국은 계속 영어가 안 되는 사람으로 남아있게 될 뿐이다.

제2편 발음과 기호

본 절의 내용은 영어에 완전히 처음 입문하는 독자들을 위한 것이므로, 이미 초급 수준을 벗어난 독자들은 다음 장으로 넘어가기를 권한다.

영어 문법에 대한 이해가 부족한 독자들은 본서를 통해 어법의 핵심을 익힐 수 있고, 본 장에서 소개한 어휘력 증대 가이드를 활용하면 어휘 확대의 방법론도 완비한 셈이다. 그런데 개별 단어의 발음을 어떻게 하는지에 대한 기초 자체가 부실한 독자들이 있을 수 있겠다.

현재 우리 주변에서 영어 좀 한다 하는 사람들은 학창시절부터 꾸준히 했던 사람들일 것이다. 긴 학교생활 동안 새로운 단어에 마주칠 때마다 사전을 찾아 '발음기호'와 그 단어의 뜻을 헤아려 오던 인고의 세월이 있었던 것이다. 그러한 과정을 밟지 않고 오늘에서야 본서를 접한 독자들에게는 두 가지 접근법을 다음 항목에서 제시하고자 한다.

일반적으로 영어가 어느 정도 되는 사람이면, 완전히 처음 보는 단어라 해도 대충 읽을 수 있고, 뜻도 앞 절들에서 설명한 원리에 따라 어느 정도 파악할 수 있다. 그런 사람들은 원문을 읽을 때 모르는 단어를 만나더라도 사전 찾느라 집중력과 속도를 떨어뜨릴 것 없이 그대로 읽어나가는 편이 훨씬 더 효율적이다.

그런데 문제는 영어 초보자들이다. 이들은 자기 수준에 맞는, 예를 들면 본서와 같은 난이도의 학습서를 통하여 영어의 기본을 익히고, 이후부터는 영어 동화나 원서를 읽어나가도록 노력해야 할 것이다. 그런 가운데, 처리해야 할 비즈니스 문건 등에서 꼭 익혀야 할 단어를 마주하면, 스마트 폰이든 인쇄 제본된 것이든 영어사전을 뒤져 볼 필요가 있게 된다. 그러면 찾은 단어 옆에 발음기호가 적혀 있다.

한글이 자음과 모음으로 구성되듯 영어 발음 또한 자음과 모음의 결합으로 이루어진다. 그리고 이러한 자모음은 '에이, 비, 씨, 디 …' 등과 같은 알파벳 이름에서 어느 정도 음가를 확인할 수 있다. 영어 발음기호의 음가는 한글과 거의 비슷한 경우도 있고, 사뭇 다른 경우도 있다. 완전 초보자가 발음의 음가를 익히려면, 필자의 연구원을 찾아오거나, 주변 전문가들의 도움을 받거나, 발음 지원 기능을 갖춘 전자사전을 활용하거나, 다음 항에서 다루는 내용을 따라야 할 것이다.

알파벳의 대부분은 자음을 만들어내며, 모음을 만들어내는 알파벳은 a, e, i, o, u 기본 모음과 반모음 y, w가 있다. 모음 이외의 자음은 크게 유성음과 무성음으로 구분할 수 있다. 자음을 발음할 때, 성대가 울리면 유성음, 울리지 않으면 무성음이다. '그' 와 '크' 를 길게 소리 내어보면 미세한 차이를 느낄 수 있을 것이다.

1. b와 p

발성은 똑같이 하는데, 유성음과 무성음인 점만 다르다. 음가는 보이 boy의 'ㅂ', 파이프 pipe의 'ㅍ' 정도이다.

2. d와 t

발성은 똑같이 하는데, 유성음과 무성음인 점만 다르다. 음가는 데스크 desk의 'ㄷ', 타겟 target의 'ㅌ' 정도이다.

3. g와 k

발성은 똑같이 하는데, 유성음과 무성음인 점만 다르다. 음가는 골든벨 golden bell의 'ㄱ', 킹 king의 'ㅋ' 정도이다.

4. v와 f

발성은 똑같이 하는데, 유성음과 무성음인 점만 다르다. 우리말에 없는, 우리말로 설명하기가 매우 어려운 자음이다. 아랫입술을 윗니의 안쪽 아래에 넣고 발음을 시작한다고 설명할 수 밖에 없겠다. 'v'는 한글 자음 'ㅂ'의 음가가 아니다. 'f'도 한글 자음의 'ㅍ'나 'ㅎ'이 아니다. '친구'라는 뜻의 'friend'는 사실 '프렌드'로도 '후렌드'로도 적기가 어렵다. 발음 사전이나 유튜브 YouTube의 노랫말을 들으면서 확인하는 것이 좋을 것이다.

5. z와 s

발성은 똑같이 하는데, 유성음과 무성음인 점이 다르다. 'z' 또한 우리말에 없는, 우리말로 설명하기가 매우 어려운 자음이다. 위아래 어금니를 모두 물고 치를 떨듯이 발음을 시작한다고 설명할 수 밖에 없겠다. 's'는 한글 자음 'ㅅ'의 음가와 유사하다. 하지만 busy, music, reason 등에서와 같이 두 모음 사이에 들어가면 유성음 'z' 와 유사하게 발음된다. 이는 로망스 언어의 잔재 탓으로 보인다.

6. ð와 e

발성은 똑같이 하는데, 유성음과 무성음인 점만 다르다. 우리말에 없는, 우리말로 설명하기가 매우 어려운 자음이다. 윗니와 아랫니를 가까이 하고, 여기에 혀끝을 댄 상태에서 발음을 시작한다고 설명할 수 밖에 없겠다. 'ð' 는 this, that을 발음될 때, 'e' 는 thank, think 등이 발음될 때 원어민이 내는 소리이다.

7. ʒ와 ʃ

발성은 똑같이 하는데, 유성음과 무성음인 점만 다르다. 'ʒ' 는 텔레비전 television의 'ㅈ' 소리, 'ʃ' 는 어린 아이 오줌 뉠 때 유도하는 ' 쉬 ' 소리 정도라고 설명할 수 밖에 없겠다.

8. ʤ 와 ʧ

발성은 똑같이 하는데, 유성음과 무성음인 점만 다르다. 'ʤ' 는 정글 jungle의 'ㅈ', 'ʧ' 는 는 초콜릿 chocolate의 'ㅊ' 정도라고 설명할 수 밖에 없겠다.

9. m와 n

이 둘은 우리말의 'ㅁ' 및 'ㄴ' 과 유사하여 상대적으로 발음하기가 쉽다. 메이커 maker의 'ㅁ', 네임 name의 'ㄴ' 으로 생각하면 무방하겠다.

10. l과 r

통상 'l' 을 우리말의 'ㄹ' 과 연결 짓는데, 혀끝을 입천장에 대고 시작한다는 면에서 약간 다르다. 개념 없이 '리더십' 하고 발음하는 것과, 혀끝을 입천장에 대고 시작하여 'leadership' 을 발음하는 것은 상당히 다르다. 블랙 black을 발음할 때, '블' 까지만 발음했을 때의 혀의 위치가 'l' 을 발음하기에 준비된 위치라고 할 수 있다.

'r' 은 더구나 우리말의 'ㄹ' 로 연결시키기에는 무리가 많은 발음이다. 'l' 과는 달리 혀끝이 입천장 어디에도 닿지 않는 가운데 발음이 시작된다. 발음사전에서 'lead' 와 'read' 잘 비교하여 들어보면 차이점을 쉽게 발견할 수 있을 것이다. 계속 문제가 생기면 전문가의 도움을 요청하기 바란다.

'l' 과 'r' 을 제대로 분별하여 발음하지 못하면, 듣는 사람을 불편하게 할 수 있고, 이 둘이 잘못 발음된 것을 들어낼 수 있으면 영어가 어느 정도 되는 사람이라고 할 수 있다. 몸이나 머리카락에 기생하는 '이 lice' 와 밥 지을 때 쓰는 쌀의 'rice' 발음은 구별하여 발음하고, 또 들어낼 수 있어야 한다.

11. h

우리말의 'ㅎ' 와 유사해서 '하우스 house' 의 'ㅎ' 정도로 보면 되겠다.

12. j

발음기호로서의 'j' 는 알파벳의 'j (제이)' 와는 달라서 반모음 '이' 정도이다. '예스 yes' 를 '이에스' 로 분리하여 발음한다고 생각할 때, 짧은 '이' 정도의 반모음이다.

13. w

발음기호로서의 'w' 역시, 알파벳의 'w (더블유)' 와는 달라서 반모음 '우' 정도이다. '웨 wait' 을 '우에' 으로 분리하여 발음한다고 생각할 때, 짧은 '우' 정도의 반모음이다.

14. ŋ

받침으로서의 'ㅇ' 으로 보면 되겠다. '영 young' 에서의 받침 'ㅇ' 에 해당하는 음가이다.

제1항 모음의 발음

1. α

알파벳 'a' 와 생김새가 비슷하다고 느낄 것이다. 우리말 모음 '아' 와 같다고 생각해도 크게 틀리지 않다.

2. æ

알파벳 'a' 와 'e' 가 붙어 있는 형상이다. 우리말 모음 '애' 와 같다고 생각해도 크게 틀리지 않다

3. e와 ε

'e' 는 알파벳 'e' 와 같다고 보면 된다. 'ε' 는 숫자 '3' 을 반대로 써놓았다고 보아도 좋겠다. 두 모음 모두 우리말 '에' 정도로 생각하면 좋겠고, 이 둘의 차이는 한글로 설명하기는 쉽지 않을 정도이다.

4. ʌ와 ə

'ʌ' 는 알파벳 'v' 를 거꾸로 해놓았다고 보아도 된다. 'ə' 역시 알파벳 'e' 가 거꾸로 뒤집혀 있다고 보아도 된다. 두 모음 모두 우리말 '어' 정도로 생각하면 좋겠고, 이 둘의 차이는 한글로 설명하기가 쉽지 않다.

5. i

생김새는 알파벳 'i' 와 같으나, 음가는 우리말 '이' 와 비슷하다.

6. o와 ɔ

'o' 는 알파벳 'o' 와 같다고 보면 된다. 'ɔ' 는 알파벳 'c' 를 뒤집어 놓았다고 보아도 좋겠다. 두 모음 모두 우리말 '오' 정도로 생각하면 좋겠고, 이 둘의 차이는 한글로 설명하기는 쉽지 않을 정도이다.

7. u

생김새는 알파벳 'u' 와 같으며, 음가는 우리말 '우' 와 비슷하다.

영어를 처음 시작하는 사람들에게 음가를 책에서 설명할 때, 한글로 표기하면서 설명하는 것은 바람직하지 않다. 하지만, 그렇다고 우리말 표기를 아예 배제하면서 무리 없이 설명하는 것도 사실 쉽지 않다. 학원 등 교육 현장에서 얼굴을 마주보고 설명하는 경우가 아닌 다음에는 발음의 음가에 대하여 한글 표기를 동원하는 것이 부득이하다. 학습자로서는 어느 정도 음가를 익히고 나면, 한글로 표기된 음가는 최대한 잊어버리고 영어 발음 그 자체를 기억하고 발화하도록 노력해야 할 것이다.

사기꾼과 사기 캐릭터

사기꾼과 사기 캐릭터는 다르다. 사기꾼은 말 그대로 사기 행각을 벌이는 범죄자들이다. 그런데 사기 캐릭터는 사기꾼과는 다소 거리가 있다. 실제로는 능력이 뛰어나지 않은데 능력이 뛰어난 것처럼 포장하고, 또 그렇게 보이도록 하는데 능수능란한 이들의 특성을 가리켜 사기 캐릭터라 한다.

실제 노래는 잘 못하는데 잘하는 것처럼 보이게 하는 가수, 연기는 별로인데 그렇지 않아 보이게 연기할 줄 아는 배우, 실제로는 잘 가르치지 못하고 배우는데 별로 도움이 안 되는 선생이 유능한 강사인 것처럼 뭔가 사술로 압도하는 강사 등이 그들이다. 이들의 사기 캐릭터에 현혹되면 마치 사기꾼들에게 당하는 것처럼 돈과 시간을 낭비하고 뜯기는 결과를 초래하게 된다.

그런데 문제는 초보자들이 이러한 사기 캐릭터들을 분간해내지 못한다는 것이다. 선수는 선수를 알아보기는 하는데, 같은 업종에 있으면서 내놓고 뭐라 할 수도 없는 한계가 또 있다. 실존이 본질에 앞서는 것처럼, 사기 캐릭터가 시장에서 더 크게 성공하는 경우도 적잖게 있다. 강사가 영어를 유창하게 하는 듯 뽐내는 것과 그가 실제로 영어를 잘 익히게 할 수 있는지 사이에는 별 상관관계가 없다. 현명한 소비자로서의 안목이 요구되는 시간이다.

제3편 동사 변화

　본서 제3장에서 다룬 〈동사의 변신〉과 본 장에서 설명하는 〈동사변화〉는 범주가 완전히 다른 내용이다. 동사의 변신은 품사로서의 동사를 완전히 다른 품사로 전성하여 명사, 형용사, 부사로 변신시켜 주어, 목적어, 보어, 수식어로 기능하게 하는 기술이었다.

　반면에, 본 장에서는 주어 다음에 오는 동상사가 시제와 태에 따라 어떻게 변화하는지를 다룬다. 다시 말해, 진행형, 수동태, 완료, 과거, 현재, 미래 등의 시제 및 태에 대하여 설명한다.

　그리고 특정한 품사에는 들어가지 않지만 동상사를 도와 특유의 역할을 다하고 있는, 일종의 비정규직 품사라고 할 수 있는 조동사에 대하여도 설명한다.

TIP #57

동어 반복을 피하라

누군가가 한 말 또 하고, 한 표현 또 하고 하면 지루하고 식상하게 받아들여 질 수 밖에 없게 된다. 언어는 의사의 전달이므로 가능하면 <u>참신하게</u> 포장하고, <u>신선하게</u> 들리게 하고, <u>새롭게</u> 인식되게 표현할 필요가 있다.

여기서 밑줄 친 참신하게, 신선하게, 새롭게는 비슷한 의미이지만 계속 바꾸어 썼다. 만일 어느 한 단어를 세 번 반복해서 썼다면 매우 짜증나게 들렸을 것이다. 영어에서도 마찬가지이다. 존 그레이 John Gray의 명저 <Men <u>are</u> <u>from</u> Mars, Women <u>are</u> <u>from</u> Venus>에는 목차의 각 내용을 다음과 같이 표현을 바꾸어 가며 설명하고 있다.

<u>Throughout this book</u> I will <u>discuss</u>…
<u>In chapter 2</u> we will <u>explore</u>…
<u>In chapter 3</u> we'll <u>discover</u>…
<u>In chapter 5</u> you'll <u>know</u>…
<u>Chapter 10</u> will <u>show</u>…
<u>In chapter 11</u> you'll <u>learn</u>…

그러한 면에서 대명사의 가장 커다란 존재의 이유도 동어 반복을 피하기 위함이다. 미국 대학의 작문 시간에는 동어 반복을 중점적으로 한다는 얘기도 들었다.

제1절 │ 동사 변화의 개요

주어 다음에 와서 주어의 동작이나 상태를 묘사하는 일을 하는 동사는 진행형, 수동태, 완료라는 형태로 변화되기도 한다. 그런데 이러한 진행형, 수동태, 완료는 형식에 있어 일맥상통하는 점이 있다. 세가지 형식을 한 표에 모아보았다.

〈표 34〉 진행형 / 수동태 / 완료의 비교

주어	술어			목적어
주어	be동사	동사원형+ing	1. 진행형	목적어
		동사원형+ed	2. 수동태	
	have동사		3. 완료	

이를 예문으로 비교해보면 이해하기가 훨씬 쉽다.

〈표 35〉 진행형 / 수동태 / 완료의 예문

형태별	주어	술어		목적어
진행형	She	is	playing	the piano
수동태	The piano		played	by her
완료	She	has		the piano

영어 문장에서 술어부는 특별한 시각으로 바라보아야 하는 부분이다. 대부분의 영어 교육 현장에서 위 표의 술어부 전체를 동사

로 가르치고 있다. '진행형' 이나 '수동태' 에서 'be동사' 부분을 조동사로 바라보고, 또한 '완료' 표현의 경우에도, 'have동사' 가 시제 조동사 역할을 한다고 설명하고 있다. 그리고는 이어지는 현재분사 또는 과거분사를 본동사로 설명한다. 그러면서 '조동사+본동사' 전체를 술어동사라고 한다. 이러한 시각이 틀린 것은 아니지만, 꼭 맞는다고 볼 수도 없다. 왜냐하면 〈동사의 변신〉에서 분사를 설명할 때, 이러한 현재분사나 과거분사를 형용사의 일종으로 설명하기도 하기 때문이다.

이렇게 술어부를 놓고 현재분사 내지 과거분사를 본동사로 보아 전체를 동사로 볼 것인지 아니면, 분사 부분을 형용사인 주격보어로 보아 아예 술어동사에서 제외시키는 것이 옳은지는 현실적으로 애매한 부분이 있다.

그런데, 영어문장에서 일반동사가 진행형, 수동태, 완료로 활용될 때는 〈주어 + 일반동사 + 목적어〉 구문이 〈주어 + be동사 + (주격) 보어 (형용사)〉로 바뀐다고 이해하면, 영문을 새로운 시야에서 바라볼 수 있다.

〈표 36〉 술어부를 바라볼 수 있는 시각

시각 1 (기존 시각 S+V+O)		전체가 일반동사	
		조동사	본동사
변화별	진행형	be동사	현재분사
	수동태		과거분사
	완료	have동사	
시각 2 (새로운 시각 S+V+C)		Be 동사	형용사

'진행형, 수동태, 완료'의 문법 구조를 대할 때 시각2와 같은 발상의 전환이 필요한 이유가 있다. 〈be/have동사+동사원형ing/ed〉 부분을 통째로 동사로 보면, 원어민적 감각이 무뎌질 수 있다. 그들은 시각2의 견지에서도 영문을 느끼고 있기 때문이다.

감각적으로 'be/have동사' 부분을 조동사가 아닌 be동사 성격으로 보고, '동사원형ing/ed' 부분을 형용사로 느끼도록 하는 감성훈련이 필요하다. 다시 말해, 발화할 때, 'Someone is' 또는 'Someone has' 만 먼저 끝내면서 한 호흡을 마치고, 그 뒤를 따르는 현재/과거분사를 형용사 표현으로 느껴보는 것이다. 그렇게 이 뒷부분을 순수한 분사로 실감하면서, 이 분사가 의미상의 목적어를 동반한다고 느껴보는 것이다. 시각1에 따라 전체를 동사로 느끼는 것과, 시각2와 같은 느낌으로 영문을 다루는 것의 차이야말로 비원어민적 느낌과 원어민스러움의 차이의 진짜 이유가 아닐까 싶다.

문장의 형식이 〈주어 + 일반동사 + 목적어〉의 〈형식 1〉에서 〈주어 + be동사 + 보어〉라는 〈형식 2〉로 변화된다는 것은 사실 작은 차이가 아니다. 영어 문장이 둘 중의 하나인데, 시각1이냐 시각2이냐에 따라 문형이 〈형식 1〉에서 〈형식 2〉로 달라지니 결코 가볍게 넘어갈 문제가 아닌 것이다. 필자는 원어민들에게 이 두 가지 형식의 느낌이 오묘하게 혼재해 있다고 생각한다.

Has anyone brought him anything to eat?
누군가가 그에게 먹을 것을 갖다 주었나?

완료시제 형식에서 have 부분은 be동사 성격이 강하다고 했다.

위 예문에서 보아 알 수 있듯이, have가 정말 일반동사 성격이었다면, 의문문에서 do동사가 조동사의 옷을 입고 문두로 나갔어야 옳다. 완료형태에서의 앞 have 동사 부분은 문법적으로 be동사로 보아 무방하다.

동사가 입는 옷

동사는 통상 세 가지 종류의 옷을 입고 다닌다. 주절, 즉 본 문장에서 주인역할을 하는 주인 동사가 첫 번째 옷이다. 다음으로 동사가 입는 옷은 종속절 속에서 종 동사로서 동사 구실을 해주는 경우이다. 마지막으로 동사는 부정사, 동명사, 분사, 분사구문으로 변신하여 아예 동사에서 명사나 형용사, 부사로 다른 용도가 되는 옷을 입는다. 이래 저래 동사는 영어의 세계를 꾸미는 중요한 옷이다.

제2절 | 진행형

위의 표에서 예시하였듯이, 진행형은 ⟨be동사 + 현재분사⟩로 구성된다. 현재분사가 ⟨동사원형+ing⟩의 구조를 가진다는 것은 이제 알고 있을 것이다. 여기서 'be동사' 부분이 현재형이면 현재진행형이라 하고, 과거형이면 과거진행형이라 부른다.

I am playing the piano.
나는 지금 피아노를 치고 있다.

이러한 문장은 친구랑 전화통화할 때, 나올 수 있는 표현이다. 반면에, 아래와 같은 예문은 과거진행형이다.

When you telephoned me yesterday, I was playing
the piano.
어제 네가 전화했을 때, 나는 피아노를 치고 있었다.

영어 한탄

영어 특강의 일선에 있어보면, 사람들이 영어 학습에 대하여 어떤 생각과 태도와 철학을 갖고 있는지, 한국에서 영어가 제대로 자리잡기가 얼마나 힘든지에 대하여 피부로 느낄 수 있게 된다.

일단은 뭔가 더 훌륭한 방법론이 있을까에 대한 기대보다는 '뭐든 안 좋은 것일 거야'라는 부정적 태도로 영어학습방법론을 대한다. 여기에는 물론 별로 신통치 않은 방법을 비법입네 하며 선전하고 다니던 불량상품 판매자들의 탓도 크다.

둘째로 느낀 점은 아무리 훌륭한 방법을 제시해도 자신의 지갑을 꺼내 대가를 지불할 생각은 없는 경우가 허다했다. 만 얼마 하는 책값을 내기도 꺼리는 마음가짐을 많이 겪었다. 훌륭한 강연이라면 기꺼이 돈을 지불하겠다는 태도도 발견하기 어려웠다. 이들이 제일 쉽게 할 수 있고, 현재 계속 하고 있는 일은 좋은 정보를 재빨리 게으름 속에 망각해버리는 일이었다.

좋은 책이 반드시 많이 팔리는 책은 아니듯이, 유명하지 않다고 반드시 훌륭하지 않은 영어학습 방법론은 아니다. 선수 입장에서 바라본 다른 선수들처럼, 현재 잘 나가는 강사와 그들의 상품이 어떻게 바라보이는지를 굳이 말하고 싶지는 않다. 또, 말해도 그 말을 들을 귀도 별로 없을 것이다. 이래 저래 한국의 영어는 불쌍한 신세를 면하기 힘들 것이다. 단돈 몇 만원에 영어가능자가 될 수 있다는 얘기도 그들에게는 별반 감흥이나 영감을 주지 못하는 것이 대한민국 영어의 현주소이자 현실이다.

제3절 | 수동태

수동태는 〈be동사 + 과거분사〉로 구성된다. 과거분사가 〈동사원형+ed〉의 구조 또는 불규칙한 형태를 가진다는 것 또한 이미 알고 있을 것이다. 여기서 'be동사' 부분이 시제를 담당하고, 과거분사 부분이 의미를 표출하는 형용사가 된다. 이쯤에서 능동태와 수동태 문장을 비교해보고 넘어가자.

I play the piano. 나는 피아노를 친다. (능동태 표현)

The piano is played by me. 피아노는 나에 의해 연주된다. (수동태 표현)

능동태를 수동태로 변환하는 것을 마치 공식이라도 되는 것처럼 접근하는 경우를 많이 본다. 아래와 같이 말이다.

1. 능동태의 목적어가 주어로 오며,
2. 동사는 시제에 맞춰 'be동사 + 과거분사' 로 바꾸고,
3. 주어는 'by + 목적격' 으로 바꾼다.

굳이 공식처럼 외우지 않아도, 과거분사가 수동의 의미를 지닌 형용사임은 이해하고 있을 것이다. 'by + 목적격' 도 '전치사 + 명사' 구조의 부사임을 생각하면 자연스러운 문장 구성임이 이해될 것이다.

그런데 by 다음에 오는 대명사가 목적적이어야 하는 이유는 무

엇일까? 일반적으로 대명사가 목적격으로 쓰이는 경우는 두 가지이다. 첫째는 일반동사 다음에 목적어로 올 때 목적격 형태를 취한다. 동사가 취하는 동작의 목적물이 목적어이므로, 이때 목적격 형태를 취한다는 것은 이해하기 어렵지 않을 것이다. 이럴 때 쓰라고 있는 것이 목적격 아닌가?

둘째는 전치사도 동사처럼 설정하려는 상황에 따른 목적물을 가진다. '무엇을 가지고with' 라는 상황을 설정하려 할 때, 뒤에 오는 목적물 즉, 목적어는 목적격의 형태를 취한다.

진행형과 수동태가 함께 복합되어 응용되는 경우도 있다. 진행형과 수동태가 절묘하게 어우러져 나타난다.

Now you are being introduced to The Secret.
지금 당신은 비밀의 세계로 초대되고 있다.

Why do you think that 1 percent of the population
earns around 96 percent of all the money
that is being earned?
1%의 사람들이 창출되고 있는 부의 96%를 가져가는 이유가
뭐라고 생각하니?

영어와 에로티시즘

마음에 드는 이성과의 데이트를 앞두고 사람들은 설렌다. 사랑의 밀어를 나누고, 야릇한 입맞춤을 나누고, 진한 스킨십에 때로 오르가슴, 그 절정의 순간까지 나눌 시간을 생각하면 가히 설레지 않을 수가 없다.

영어를 배움에도 그런 시간이 있을 수 있다. 그런 마음으로 영어에 다가갈 필요가 있다. 왜냐하면 영어는 충분히 그러한 것들을 줄 수 있으니까! 거기에다가 영어를 잘하면 돈도 나온다. 영어를 제대로 하면 올릴 수입이 더욱 높아진다. 사랑을 나누면서 돈도 벌 수 있는 일이다. 영어의 기본을 익히면 실제로 연인과 데이트를 하든, 그저 영어로 된 인문학과 정신적 즐거움을 나누든 환상적일 일이 너무나 많다.

그런데 영어와 함께 나눌 수 있는 최대의 즐거움은 사실, 에로티시즘이다. 성은 인간이 향유할 수 있는 가장 짜릿한 주제이고, 세계이다. 그 세계를 영어를 통해 들어가볼 수 있다. 그런 향긋한 책들이 의외로 많다. 영어로 명팝송의 세계에 들어갈 수도 있다. 영화는 물론이다. 예술적 경지의 포르노그라피 콘텐츠도 그렇다.

그러다가 어찌어찌해서 영어권 이성과 정말로 에로티시즘을 나눠야 할 때, 그때 영어는 사랑이 줄 수 있는 많은 것을 실제로 줄 수 있다.

제4절 | 완료

완료형은 〈have동사 + 과거분사〉의 형태를 갖는다. 여기서 'have동사' 부분이 현재형이면 현재완료라 하고, 과거형이면 과거완료라 부른다. 현재완료는 현재를 기준으로 과거에 일어난 일이 현재에도 영향을 미치고 있는 경우에 사용된다. 이러한 완료형은 과거에 시작된 일이 현재 완료되었거나, 그 결과가 현재에 남아 있거나, 현재까지의 경험을 나타내거나, 과거에 일어난 일이 현재까지 계속 이어지고 있을 때 등에 쓰여진다.

I have just finished my playing golf. (완료)
나는 방금 골프게임을 끝냈다.

He has lost his car. (결과)
그는 차를 도난 당했다.

I have never experienced this kind of business failure.
(경험)
나는 이러한 사업실패를 겪은 적이 없다.

I have lived here since 1990. (계속)
나는 1990년 이래 계속 여기서 살고 있다.

대부분의 영어참고서에서 완료시제를 다룰 때, 완료, 경험, 결과, 계속 상황을 구분하여 개념 짓고 있는데, 이러한 경계는 수학공식처럼 명확하게 나누어질 수 있는 것이 아니다. 경험이나 결과가 계속되고 있을 수도 있고, 완료된 경험이 있을 수도 있으며, 완료된 결과가 나타날 수도 있기 때문이다. 네 가지의 경계를 억지로 나누려고 스트레스 받을 일은 아니라고 본다.

완료시제에서 have동사에 과거형 had가 오면, 과거완료라고 했는데, 과거완료는 과거 시점을 기준으로 그 시점까지의 완료, 결과, 경험, 계속 등을 나타낸다.

When he arrived, I had already eaten lunch. (완료)
그가 도착했을 때, 나는 이미 점심을 먹은 뒤였다.
I had bought a car when I entered a company. (결과)
회사에 입사했을 때, 나는 이미 차를 사서 갖고 있었었다.
He had never met his wife since Korean War. (계속)
한국전쟁이래 그는 자신의 아내를 만나지 못했었다.
I had never eaten Gorgonzola cheese until I went to Italy.
(경험)
이태리에 갔을 때까지 고르곤졸라 치즈를 먹어본 적이 없었다.

그런데 영문은 위와 같이 단순한 현재완료 내지 과거완료 형태로만 끝나지 않고, 다소 복잡하고 고급스럽게 상황을 표현할 때도 있다. 예를 들어, 완료시제와 진행형이 복합되어 나타나는 경우가 있을 수 있다. 예문을 먼저 보면 이해가 쉬울 것이다.

I have been waiting for my wife since this morning.
(현재완료 진행형)
오전부터 계속 아내를 기다려 오고 있다.

New products have been waited by early adaptors.

(현재완료 수동태)

신제품이 초기수용자들에 의해 고대되어 오고 있다.

〈표 37〉 완료시제 + 진행형

완료 + 진행형	완료시제		
	have동사	과거분사	
		진행형	
		be동사	현재분사
예시	have/had	been	waiting
완료 + 수동태		수동태	
		be동사	현재분사
예시	have/had	been	waited

완료시제와 진행형 또는 수동태는 위의 표와 같은 조합으로 현재/과거 완료 진행형 또는 현재/과거 완료 수동태로 표현될 수 있다.

You have probably been sitting there wondering,

 "What is the Secret?" (현재완료 진행형)

당신은 아마 "비밀이 뭐지?" 하고 궁금해 하면서

앉아있었을 것이다.

Fragments of a Great Secret have been found

in the oral traditions, in literature,

in religions and philosophies throughout the centuries.

(현재완료 수동태)

'위대한 비밀' 의 조각들이 여러 세기에 걸쳐 구전과 문학과 종교와 철학 속에서 단편적으로 발견되어 오고 있다.

I had been swimming when my girl friend visited me.
(과거완료 진행형)
내 여자친구가 방문했을 때, 나는 수영을 하고 있었었다.

The news had already been released when the
reporter arrived at the police station. (과거완료 수동태)
기자가 경찰서에 도착했을 대, 뉴스는 이미 배포되어 있었다.

여기서 현재완료와 과거완료가 동시에 나타나는 재미있는 문장을 구경하고 넘어가자. 유명한 베스트셀러 론다 번Rhonda Byrne의 'The Secret' 원문에서 가져온 표현이다.

The greatest teachers who have ever lived had told
us that the law of attraction is the most powerful law
in the Universe.
역사상 위대한 스승들은 모두 인력의 법칙이 우주에서 가장 강력한 법칙이라고 했었다.

완료형이 시제를 시간대별로 어떻게 커버하는지를 아주 잘 보여주는 예문이 있어 아래에 제시한다. 완료형은 이렇게 쓰는 것이다.

The law began at the beginning of time.

It has always been and will always be.

이 법칙은 태초에 시작되었다. 그리고는 늘 존재해 왔고,
앞으로도 계속 존재할 것이다.

학습자의 시선

일반적으로 학습자나 독자의 눈높이는 강사나 저자보다 낮다. 강사나 저자가 전달하는 콘텐츠를 소화하는 것만도 버거운 것이 현실이다. 그런데 필자의 주문은 조금 더 세다. 학습자가 바라보아야 할 곳은 저자보다 더 높고, 먼 곳이어야 한다. 저자가 하는 말만 듣기보다 왜 그런 말을 하는 지까지 읽을 수 있어야 한다.

영어 구사 원리가 한 시간 정도에 습득될 수 있다고 하면, 그것이 어떻게 가능하냐고 의아해 하기보다 왜 저자는 한 시간 내에 영어를 완성시키려 하는가를 생각해 보는 가운데 얻을 수 있는 메지지가 많다.

네다섯 가지 핵심 원리를 제시했을 때, 얼마나 그것들이 중요했기에 선별을 했을까 하고 총평을 해보면 마음과 뇌리에 각인되는 강도가 다르다. 독자나 학습자는 늘 저자나 강사의 시선 너머까지 바라보려는 노력이 장차 자신을 커다란 나무로 자라는 밑거름이 되게 할 것이다. 그런데 그것이 그리 쉽지는 않다. 그래도 해보면 유익이 많을 것이다.

제5절 | 시제

제1항 현재 시제

　주어의 동작이나 상태가 어느 시점에 나타나고 있는지를 묘사하는 것이 시제의 개념이다. 물론 가장 기준이 되는 시점은 현재이다. 일반동사의 경우, 현재 시점의 시제는 동사의 원형이 된다. 그런데, 3인칭 단수 현재에서만큼은 동사의 원형에 추가로 −(e)s가 붙는다. 현재 시제는 현재의 사실 뿐만 아니라 불변의 진리, 역사적 사실 등의 서술에도 쓰인다.

　He lives in Seoul. 그는 서울에 산다.

　The moon moves round the earth. 달은 지구 주위를 돈다.

TIP #62

3인칭 단수 현재 시제에서의 동사의 모습

　초보자에게 낯선 동사 풍경 중 하나가 있다. 3인칭 단수 현재 상황에서는 일반동사를 필두로 모두 −(e)s가 공통적으로 나타나는 것이다. 사람에게 진화의 흔적으로 꼬리뼈의 자취가 있듯이, 오늘의 현대 영어에 고대 영어의 흔적이 남아있는 자취로 받아들이면 자연스러울 것이다.

be->is / was, have->has, do-does, go->goes, eats, meets, etc.

제2항 과거 시제

우리말에서 예를 들어, 현재를 나타내는 '간다' 와는 달리 과거는 '갔다' 로 표현한다. 마찬가지로 영어도 과거 형태는 원칙적으로 동사의 원형에 -ed를 붙인다. 이렇게 규칙적으로 변하는 경우를 '규칙 변화' 라 하는데, 골치 아프게도 일부 동사는 불규칙적으로 변한다. 이를 보통 '불규칙 변화' 라고 부른다.

I stopped smoking last month.
나는 지난 달에 담배를 끊었다.
He bought a brand new car. 그는 새 차를 샀다.

아울러, 앞에서 과거분사라는 개념을 익혔을 것이다. 수동태와 완료시제에 사용되는 과거분사는 과거시제의 연장선상에 있으므로 함께 익혀 두는 것이 효용이 높다. 규칙변화는 굳이 암기할 필요가 없으므로 불규칙변화 사례의 일부를 아래에 표로 제시하였다.

〈표 38〉 현재, 과거, 과거분사의 불규칙 변화 사례

패턴	현재	과거	과거분사
A-A-A	cut let put	cut let put	cut let put
A-B-B	buy build pay sell	bought built paid sold	bought built paid sold

A–B–C	begin drive sing write	began drove sang wrote	begun driven sung written
A–B–A	become come run	became came ran	become come run

제3항 미래 시제

동사 자체만으로는 미래 시제를 나타내는 것이 쉽지 않아 부득이
조동사 will 또는 shall의 도움을 받는다.

I will be there to comfort you.

너를 위로하기 위하여 곁에 있어 줄 것이다.

Will you go there tomorrow? 내일 거기 갈 예정이니?

She will be pleased to hear that news.

그 소식을 들으면 그녀가 기뻐할 것이다.

원어민 대 비원어민

1. 자기가 어떤 언어를 자연스럽게 구사하는데, 왜 그렇게 구성하여 말하는지를 모르면 그냥 원어민이다.

2. 자기가 어떤 언어를 자연스럽게 구사하는데, 왜 그렇게 구성하여 말하는지를 설명할 수 있으면 원어민 선생님이다.

3. 자기가 어떤 언어를 구사하는 것이 완전히 편하지는 않은데, 왜 그렇게 구성하여 말하는지는 설명할 수 있으면 비원어민 선생님이다.

4. 자기가 어떤 언어를 부자연스럽게 구사하면서, 왜 그렇게 구성하여 말하는지도 설명할 수 없으면 비원어민 열등생이다.

제4편 숙어로부터의 자유

이번 편은 크게 두 가지 원리를 바탕에 두고 있다. 첫째는 대부분의 숙어가 〈전치사 + 명사〉의 형태로 형용사나 부사로 기능한다는 것이다. 둘째는, 숙어를 구성하는 전치사의 고유한 '기능' 과 명사가 가지는 '의미' 자체가 이미 숙어의 뜻을 이미 저절로 표출하고 있다는 것이다.

수학 공부에 익숙한 사람들이 영어에 대하여 갖는 바람직하지 않은 첫째 선입견이 숙어를 하나의 공식처럼 접근한다는 것이다. 이들은 마치 하늘이 정해준 요지부동의 공식 같은 장르로 숙어가 존재한다고 생각한다. 결코 그렇지 않다. 현재 숙어로 대접받고 있는 많은 패턴들이 그저 사람들의 필요에 의하여 자주 쓰이다 보니, 관용어 내지 숙어라는 이름으로 무리 지어진 것 뿐이다. 그러므로 숙어를 유연하게 대할 필요가 있다. 그래야만 숙어 노이로제에서 벗어나 숙어의 주인이 될 수 있다.

둘째, 숙어는 그것을 만들기 위한 어떤 거푸집이 있어서, 거기에 영어 단어들을 넣고 공식에 맞추어 찍어낸, 말하자면 기성품 같은 것이 아니라는 점이다. 그런 의미에서, 이번 편은 제4장 전치사 활용 기술의 속편과 같은 성격을 갖는다. 다시 말해, 숙어 또한 〈전치사 + 명사〉라는 기본 틀 아래서 형용사 또는 부사로 실용화되는 사례인 경우가 많다. 본 편에서는 이런 사례를 대표적인 숙어 중심으로 선별 제시하고 또 해설함으로써 숙어에 편안하고 친숙하게 다가서도록 할 것이다.

그러니 이제 '숙어' 라는 낡은 표현에 대하여 사람들이 갖는 부정적인 이미지를 씻어내고, 창조적으로 다가가자. 숙어는 노트에 깨알같이 적어가면서 반복적으로 외워야 하는 대상이 아니다. 그리고, 숙어는 반드시 "=" 로 표시되는 동의숙어가 있어 이것을 반드시 알아야 하는 것도 아니다. 아울러, 우리말 뜻도 정답에 가까운 표현이 있어서 공식처럼 외워둬야 하는 것도 아니다. 결론적으로, 이러한 생각은 결코 옳지도, 바람직하지도 않다. 우리가 숙어를 익히고, 또 친숙해야 하는 것은 다만 세련된 영어표현의 소유자가 되기 위함이다.

본 편에 서술된 예문들을 일별해 보면 알겠지만, 숙어는 자체를 구성하는 요소 단어의 의미만으로 이미 숙어가 의도하는 내용을 풍기고 있다. 다시 말해, 어떤 숙어든 그 구성요소를 분석해 보면 그런 의미를 가질 수 밖에 없는 당위성이 있다는 말이다. 본 편에서 그것을 느껴보기 바란다. 그리고 숙어에 대한 우리말 뜻도 고정되어 있어 절대로 달라지면 안 되는 것이 아니므로, 유연하게 그 의미에 접근하기 바란다.

숙어라면 아무래도 〈전치사와 명사〉가 결합하여 부사로 사용되는 예가 아무래도 대표적이라 할 수 있다. 그런데 소위 숙어라고 하는 관용구를 본질적으로가 아니라 생각 없이 타성적으로 수용하는 경우가 많다. 예를 들어, 'in case of' 가 숙어라며 '~의 경우에' 라고 관행적으로 외워버리는 것은 문제가 있다. in case 다음에 오는 〈of + 명사〉가 형용사구로 작용하는 점을 고려에 두어야 한다. 'in addition to' 는 '~에 덧붙여' 라고 무작정 외우기보다 'to + 명사' 가 형용사로 작용하는 것에도 상당한 비중을 두어야 한다.

가성비 단상

가성비 – 가격대비 성능! 요즘 유행하는 화두이다. 영어로는 보통 Value for Money라고 한다. 돈 들인 것에 대한 가치가 얼마나 되냐 하는 얘기다. 대부분의 상품이 가성비가 좋아서 구매를 한다. 2~3년은 기본이고 5~10년을 영어 공부에 쏟으며 수많은 시간과 돈을 허비하고도 영어가 안되면 이런 경우는 가성비를 어떻다고 해야 할까?

그런 면에서 책 한 권에 만 얼마, 한 시간여의 강연에 몇 만원으로 영어를 완성할 수 있다면, 이런 경우의 가성비는 가히 환상적인 수준이라 할 수 있겠다.

문제는 가성비가 이렇게 좋은 상품을 가망고객들에게 어떻게 알릴 것이냐이다. 이를 알리기 위해 조중동 신문매체든 인터넷 광고 매체든 광고비를 집행할라치면 이쪽 가성비가 장난이 아니게 엉망이다. 이래저래 대한민국의 영어 학습자는 고생만 바가지로 할 운명이다.

- above all

모든 것의all 위에above. 〈전치사 + 명사〉의 구조로써, 부사로 쓰인다. 해석 자체도 당연하게 나온다. 보통 '무엇보다도 먼저' 로 습관적으로 외우고 있지만, 단어의 구성 자체만으로도 충분히 그러한 의미가 배어 나온다.

And above all, remember to send us your comments.
그리고 무엇보다도 먼저, 우리에게 당신의 견해를 보내주는 것을 기억하시오.

- after a while

잠시a while 후에after.

He arrived after a while.
그는 잠시 후에 도착했다.

- after all

모든 것의all 뒤에after, 결국. 우리말의 순서와는 달리 영어는 전치사가 먼저 와서 의도하는 분위기를 설정한다.

So you will see I was right after all!

그래서 너는 결국 내가 옳았다는 것을 알게 될 것이다!

● as a matter of fact

사실의fact 문제a matter로서as, 사실. '전치사 + 명사' 구조가
두 번 연속하여 나온 형태이다. 앞의 전명구 as a matter는 부사이
고, 뒤의 전명구 of fact는 형용사로서 matter를 수식한다.

As a matter of fact, there is no substance to that rumor.
사실, 그 소문에 대한 실체는 없다.

● as a rule

규칙a rule으로써as 정해져 있다는 것은 매우 일반적인 사항으
로 굳어져 있다는 것일 것이다. 보통 '통상, 대체로' 로 풀이되고 있
다.

He arrives at 7 o'clock, as a rule.
그는 대개 7시에 도착한다.

● at a loss

사람이 손해에a loss 처하게at 된다면 어떻게 될까? 매우 당황
하고 어쩔 줄 모르게 될 것이다. 더구나 그 손해액이 엄청나다면! at

a loss는 그런 상황에서 '당황하여, 어찌할 줄 모르고' 의 의미로 쓰인다.

I was at a loss for words when she told me the news.
그녀가 내게 그 소식을 전해주었을 때,
나는 무슨 말을 해야 할 지 어쩔 줄 몰랐다.

예문에서 when 이하는 부사절이고, for words도 부사구이다.
at a loss는 형용사로 쓰인 전명구가 된다.

● at first

처음first에는at.

At first I didn't like him but now I do.
처음에 나는 그를 좋아하지 않았지만, 지금은 그렇지 않다.

● at first sight

첫first 눈sight에at.

She charmed me at first sight.
그녀는 나를 첫눈에 매혹시켰다.

● at last

마지막last에는at, 드디어, 결국.

At last we found out what had really happened.
마침내 우리는 실제로 무슨 일이 벌어졌는지를 깨달았다.

● at least

최소한의least 경우에도at, 적어도.

The repairs will cost at least $100.
수리에는 최소한 100달러가 소요될 것이다.

● at once

한번once에at, 동시에.

Tell him to come at once.
그에게 즉시 오라고 전하시오.

● at random

random에 '임의의, 되는 대로의, 마구잡이의' 의 의미가 있다.

at random도 같은 분위기의 연속으로 보면 틀림없다.

The people for the experiment were chosen completely
at random.
실험을 위한 사람들은 완전히 무작위로 선정되었다.

● beside the point

요점에서the point 벗어난beside.

What he has been saying is utterly beside the point.
그가 하고 있는 말은 완전히 핵심에서 벗어나 있다.

● by accident

사고에accident 의한by, 의도하지 않은, 우연히. 물론 accident
자체에 '우연' 이라는 의미가 있기는 하다. 왜냐하면 우연히 일어나야
사고지, 항상 있는 일은 사고가 아닐 것이기 때문이다.

He broke the window not on purpose but by accident.
그는 의도적으로가 아니라 아주 우연히 창문을 깨뜨리게 되었다.
He met her purely by accident.
그는 그녀를 순전히 우연히 만났다.

● for a moment

잠시a moment 동안for.

Wait for a moment.
잠시 기다려주세요.

● for a while

잠시a while 동안for. 여기서 while은 명사로 쓰여 짧은 시간을
나타낸다. 일상 회화에서 많이 들어볼 수 있는 표현이다.

Just wait for a while and then I'll help you.
잠깐만 기다려. 곧 너를 도와줄게.

● for example

예example로서for. 많이 쓰이는 표현이다. 외울 필요는 없다.
example의 의미만 알면 해결되는 부사 숙어이다.

A lot of us want to leave now — Bill, for example.
우리들 중 많은 사람이 지금 떠나기를 원한다.
— 예를 들면, Bill이 그렇다.

● for the purpose of

of 이하의 목적을the purpose 위하여for. of 이하도 형용사적 전
명구가 되어 이중 전명구의 모습을 보이고 있다.

They built refuges in the mountains for the purpose
of encouraging mountaineering.
그들은 등산을 장려하기 위하여 산에 대피소를 지었다.
She went to America for the purpose of studying music.
그녀는 음악을 공부할 목적으로 미국으로 갔다.

● in a hurry

서둘러서in a hurry. 때로는 부정적인 어감의 '성급히' 라는 뜻
으로도 쓰인다.

You make mistakes if you do things in a hurry.
일을 조급하게 하면, 실수를 하게 된다.

● in addition to

to 이하에 덧붙여in addition. to 이하 'to giving ~' 도 다시 한
번 〈전치사 + 명사〉구로 addition을 수식하는 형용사로 기능한다.
그런데 다시 한번 'to computers' 가 같은 역할의 형용사로 수식하

고 있다.

In addition to giving a general introduction to computers,
the course also provides practical experience.
컴퓨터에 대한 일반적인 소개를 드리는 데에 덧붙여,
본 과정은 또한 실습의 기회도 제공합니다.

● in case

case 이하의 경우case에in. 이 경우 case는 후속하는 절의 선행
사가 된다. 절을 이끄는 종속접속사 that가 생략되었다.

In case I am late, don't wait to start dinner.
내가 늦을 경우, 기다리지 말고 식사해.

● in case of

of 이하의 경우case에in. 'in case' 다음에는 절이 동반되는 반면
에, 'in case of' 다음에는 구가 수반된다. of 이하 전치사구가 형용
사적으로 case를 수식한다.

In case of an error in judgment,
the group leader will be held responsible.
판단에 착오가 있을 경우,

집단의 지도자는 책임을 져야 할 것이다.

● in fact

사실에fact 있어서in, 사실. 〈전치사 + 명사〉가 부사로 쓰이는
데, 아래 예문에서는 둘 사이에 형용사가 들어가 명사를 수식하고
있다. 중문의 앞 절에 나온 in charge는 주격 보어 형용사로 기능
하고 있다.

Officially he is in charge, but in actual fact his secretary
does all the work.
공식적으로는 그가 책임을 맡고 있지만, 실제적으로는 그의
비서가 모든 일을 한다.

향후 영어에 자신감을 가질 이유

첫째, 이제까지 설명한 원리만 이해하면 충분하고, 사실 실용영어 구사의 핵심은 모두 망라하고 있다.

둘째, 이를 통하여 향후 자율학습의 터전을 완전히 확보한 것이며, 추리 및 학습효과를 통하여 자가발전이 가능한 수준이 된 것이다. 이제 어떠한 영문법 책을 보아도 소화가능하며, 접하고 익히는 모든 영어가 자가발전의 자양분으로 활용될 것이다.

이 단계에서는 자신의 틀린 부분에 대하여 스스로 교정할 능력까지 갖추게 되는데, 그것도 일종의 학습효과이다. 자꾸 배우고 익히다 보면 스스로 이치를 발견하고 깨우치고 하는 것을 본서에서 학습효과라 일컫기로 한다.

셋째, 설령 학습자가 영어 규칙을 조금 서툴게 지켰더라도, 상대가 유추능력을 발휘하여 충분히 이해하게 되므로 또한 영어에 완전히 자신감을 가져도 전혀 문제가 없다.

표 목차

팁 목차

기독교인을 위한 하나님의 선물

외국어, 특히 영어를 공부하는 사람들에게 성경, 즉 바이블은 굉장히 훌륭한 어학교재가 된다. 일반인들도 성경 내용을 어느 정도는 알고 있겠지만, 독실하다는 예수교인들의 경우에 바이블 스토리는 대부분 기시감을 넘어서 완전 달달 외울 정도인 것에 유념할 필요가 있다.

기본적인 문법사항을 익히고 나면, 이제 영어 문장패턴에 익숙해질 필요와 어떤 단어가 어떤 상황에서 쓰이는지를 문맥 속에서 익히는 것이 절대적으로 필요하다. 그런 맥락에서 영어 바이블은 환상적인 교재가 될 수 있고, 반드시 되어야 한다.

그렇게 하여 영어 정복의 토대를 마련하고 났는데, 다시 일본어나 중국어를 공부해야 할 필요가 있다면 이때도 일본어 성경이나 중국어 성경을 활용하면 학습효과가 배증될 것이다. 이미 알고 있는 내용이 배우고자 하는 언어에서는 어떤 어휘로 표현되는지를 익히기만 하면 되니까 말이다.

조상들의 족보가 비슷한 유럽언어, 즉 프랑스어, 스페인어, 이태리어, 독일어 등을 학습할 경우에도 해당 언어 바이블은 또 한번 강력한 우군으로 도움을 줄 것이다. 바이블은 신앙적으로 뿐만 아니라 어학적으로도 하나님이 내린 선물이다.

　필자가 〈너무 쉽게 일어난 기적, 한 시간에 끝내는 영어〉라는 책을 출간하고, 기업체에 강연 홍보영업을 뛰어다닐 때의 일이다. 방문영업 과정에서 알게 된 A회사 사장님께 한 시간 강연을 통해 직원들의 영어사용이 가능토록 하겠다고 제안을 드렸다. 그러자 사장님은 흥미를 보이며 자신이 먼저 강연을 듣고 평가 후 결정하겠다고 해, 세미나룸으로 오시도록 했다. 강연 당일 사장님은 사모님, 아드님과 함께 오셔서 강의를 잘 듣고 책도 두 권 가져가시며, 일간 회사에 시간을 마련할 테니 책 5권을 더 가지고 오라 했다. 후일에 대한 기약이 있었기에 당일 강연사례는 매듭이 미루어졌고, 몇 주 후 그 회사에서 직원들 대략 15명을 놓고 재차 강연을 했다. 책 다섯 권도 더 드렸고 강연도 두 차례나 했는데, 강사료를 얼마 말씀 드려야 하나 고민하고 있는데, 예의 그 사장님께서는 담당직원에게 10만원을 지급하도록 이르는 것이었다. 순간 정가 17,000원짜리 책 7권에, 강연 2회의 사례치고는 너무 헐하다 싶어, 그래도 20만원은 주셔야 되지 않겠냐고 말씀 드렸더니, 원래 10만원에 하기로 한 것 아니냐 하시는 것이었다. 사장님 혼자 한번 오셨을 때 한 시간 브리핑 정도의 강연사례비로 말씀 드렸던 10만원을 두 차례의 정식 강연과 책 일곱 권에서도 그대로 못박아 놓고 계셨던 것이다. 평소 우리나라가 지식

상품에 대한 대가 지불 인식이 한없이 각박하다는 생각은 했었지만, 아무래도 심하게 박정하다는 생각에 온 몸의 피가 다 빠져나가는 듯한 느낌이었다. 결국 20만원을 주시긴 했지만, 그분은 꽤나 불쾌해하셨고, 나의 일에 대한 자괴감도 덩달아 커졌다.

제조공장을 잘 돌리며 1~2백억 매출은 거뜬히 해내는 주위 사장님들을 볼 때마다, 그리고 위 A회사 사장님에게서처럼 홀대를 당할 때마다, 나 자신의 직업에 회의를 갖기도 하지만, 제조설비에 대한 투자 하나 없이 머리 속에 생산설비를 갖추고 무한정으로 상품을 뽑아낼 수 있는 내게도 언젠가 쨍하고 볕들 날이 있으리라 믿고 오늘도 열심히 달린다.

TIP #67

영어 집현전 이야기

　　영어를 한 시간의 특강으로 습득할 수 있다면 가히 혁명적인 일이다. 그래서 대통령께 제안을 드렸다. 무려 수백만원을 들여 조중동 한겨레 경향 국민일보 등에 영어판 집현전을 만들자는 광고 메시지를 통해서 말이다. 국립영어교육원! 그런데 답이 없다.

1. 집현전을 만들고 한글창제의 위업을 달성한 세종대왕을 넘어서는 업적을 이루는 대통령이 되시라는 충언에 그분의 참모들은 귀를 닫았다. 그 시대에 한글이 언어혁명이었다면, 이 시대의 영어는 한국의 세계화에 가장 중요한 디딤돌 내지 도약대가 될 터이다.

2. 다른 제안도 함께 했다. 역대 어느 대통령보다 국민생활의 질과 국가 경제력을 향상시키는 대통령이 될 수 있는 아이디어였다. 이에 대하여는 필자가 이미 2천여 만원을 들여 책으로 사회적 제안을 한 내용이기도 하다. 매년 한국땅에 25조원 이상의 현금을 쏟아내는 일인데도 그분의 참모들은 딴 생각만 하는 것 같다.

3. 민족사에 길이 남을 국민정신의 주춧돌이 되는 대통령이 되는 길도 말씀 드렸다. 이에 대하여도 이미 별도의 책으로 모든 콘텐츠를 오픈한 상태이다.

　　정녕 그 분은 민족사에 길이 남을 대통령이 될 기회를 결국 외면하실지, 굳이 제갈공명을 두고 한 유비의 삼고초려는 아니더라도, 부디 열린 귀와 보는 눈이 있으시길 충정 깊은 한 국민, 한국인으로서 기원 드린다!

　　이런 얘기를 담고 출간 준비를 하고 있는데 박근혜 대통령 탄핵 사태가 발생했다. 이제 필자도 차기 대통령의 관심을 기다리는 운명이 되었다.

바로가능영어
Hamburger English

2017년 2월 1일 초판 1쇄 발행

지은이	이계양
등 록	제2016-000010호 (2016년 9월 20일)
펴낸곳	한산(주)
주 소	17922 경기도 평택시 원평로 39번길 22-4호
이메일	sales@archerylife.com
전 화	010-9009-3594
팩 스	031-673-0686
편집 & 디자인	디자인비타

책값은 뒤표지에 있습니다.
ISBN 979-11-959847-0-1 03740

이 도서의 국립중앙도서관 출판시도서목록(CIP)은
서지정보유통지원시스템 홈페이지(http://seoji.nl.go.kr)와
국가자료공동목록시스템(http://www.nl.go.kr/kolisnet)에서 이용하실 수 있습니다.

(CIP제어번호: CIP2016031866)